JN409304

쏟아지는 그리움

현 대 수 필 가 1 0 0 인 선 II · 53

쏟아지는 그리움

최화웅 수필선

수필과비평사 · 좋은수필사

■ 책머리에

수필은 누구나 부담 없이 읽고, 마음만 먹으면 직접 쓸 수도 있는 가장 친근한 문학이다. 다른 영역의 문학이 영상매체에 밀려 신음하고 있는 중에도 수필 인구만은 날로 증가하여 바야흐로 수필 전성시대를 구가하고 있는 이유도 거기에 있을 것이다.

시대적 추세에 힘입어 수많은 수필전문지, 수필동인지가 창간되고, 이에 비례하여 신진 수필가도 날로 늘어나다 보니 이제는 그 많은 작가, 그 많은 작품 중에서 문학성 높은 작품을 가려 읽는 일이 쉽지 않게 되었다. 이런 현상은 작가에게나 독자에게나 결코 바람직한 일이 아니다. 더 나아가서는 수필을 연구하는 후세들에게도 큰 부담이 될 것이다.

이런 문제를 해결하는 데는 출판인도 마땅히 한몫을 감당해야 한다는 평소의 소신에 따라, 본사가 기꺼이 그 역할을 맡기로 했다. 그 첫 번째 사업으로 시대를 대표할 만한 수필가 100인을 선정하고, 작가가 자선한 40편 내외의 작품을 수록한 문고본을 발간하여 이를 널리 보급함으로써 그 소임을 다하고자 한다.

본사는 사명감을 가지고 이 사업을 추진해 나가기로 했다. 작가 선정을 전담할 편집위원회를 구성하고 전권을 위임하여 일체의 사적인 정실이나 청탁을 배제함으로써 전문성과 공정성을 확보해 나갈 것이다.

따라서 이 기획물 속에는 작가의 문학정신뿐만 아니라, 본사의 문학사적 기여 의지와 편집위원 제위의 수필문학에 대한 애정과 문인으로서의 양심이 함께 담겨 있음을 자부한다. 다만, 작가를 선정하는 기준에는 많은 견해의 차이가 있을 수 있고, 선정 과정에서도 미처 챙기지 못한 부분이 있을 것이라는 사실만은 인정하지 않을 수 없다. 이 점에 대해서는 관계자 여러분의 양해 있으시기 바란다.

이 시리즈의 발간 순서는 작가, 또는 본사의 사정에 의한 것일 뿐 그 밖의 어떤 기준도 적용하지 않았음을 밝힌다.

본 기획물이 시대를 초월한 많은 수필 애호가들의 관심과 애정 속에 우리나라 수필문학 발전에 한 이정표가 되기를 바랄 뿐이다.

본사에서는 이상과 같은 취지로 ≪현대수필가 100인선≫ 전 100권을 완간하여 큰 반향을 불러일으킨 바 있다.

그러나 우리 수필문단의 규모나 수필문학의 수준에 비추어 선정 작가를 100인으로 한정하는 것은 형평성이나 효율성 면에서 크게 부족하다는 의견이 많았고, 본사 또한 이를 통감하던 터라 기꺼이 ≪현대수필가 100인선 Ⅱ≫를 발간하기로 했다.

본사의 충정에 찬동하여 출판에 응해주신 저자 여러분에게 감사한다.

2015년 9월

수필과비평 · 좋은수필 발행인 서정환

현대수필가 100인선 간행 편집위원 박재식 최병호

정진권 강호형

오세윤

| 차례 | 현대수필가100인선Ⅱ · 53

1_부 배, 뭍에 오르다

2_부 고추 먹고 맴맴

3_부 순천행 완행열차

4_부 그대 있어 행복합니다

새해를 꿈꾸다

별을 줍는 사람들

배, 뭍에 오르다

칼도깨비, 오윤 회고전

묘관음사妙觀音寺

생선 대가리

전어, 황금 갑옷을 입다

노래하는 풀벌레

만디버스 오가는 길

불배, 어둠을 밝히다

새해를 꿈꾸다

나는 새해에 일흔넷이 된다. 동안童顔이라 어려 보일지라도 몸은 나이에 걸맞게 늙어 마지막 꿈을 뒤척일 때다. 태어난 지 이태 만에 해방되고 6 · 25가 터진 국민학교 1학년 겨울방학을 강추위 속에서 가다 서다를 반복하는 부산행 피난열차 속에서 보냈다. 그 일이 나를 1 · 4후퇴의 어린 목격자로 만들었다. 중학생이 되어서는 슈베르트의 〈보리수〉를 노래하고 오영수의 ≪갯마을≫을 읽으며 내 어린 손을 4B 연필로 데생했다. 고등학생 때 4 · 19혁명과 5 · 16군사쿠데타가 맞물리더니 대학에 들어가서는 한일회담 반대와 6 · 3사태에 이어 유신이라는 듣도 보도 못한 군사독재의 망령에 몸서리쳐 거리로 뛰쳐나왔다. 그리고는 6월 민주항쟁과 어지러운 현대사의 현장을 가까운 거리에서 지켜보며 30여 년 세월을 기자로 살았다. 앞으로 살아갈 날보다 죽을 날이 가까웠다.

삶과 죽음이 하나의 연장선상에 놓여있음을 깨닫는다. 그 생각으로 무작정 몇 살까지 살겠다는 기대보다 언제라도 죽을 수 있다는 생각으로 오늘과 맞닥뜨린다. 여명을 깨치며 밝아오는 새해, 병신년의 새 꿈이 가슴 벅차다. 새해에는 세 가지의 일을 도모하려고 한다. 그 첫째는 12권으로 출판된 재일조선인 소설가 김석범의 대하소설 ≪화산도火山島≫를 고리로 제주도의 역사와 아픔을 좀 더 깊숙이 들여다보고, 둘째, 새로운 산문집≪江華 濟州 그리고 釜山≫을 출간하여 바람처럼 스쳐간 지난 일상을 오늘에 되새김질하며, 셋째, 내가 사는 아파트 단지의 주민과 더불어 인문학 강좌를 통해 우리의 삶을 피드백해 보고 싶은 것이다. ≪화산도≫ 전집을 읽기에 앞서 나카무라 후쿠지(中村福治) 교수의 평론서 ≪김석범 '화산도' 일기≫를 읽고 묵은 원고를 정리하며 제1기 예가인문학강좌의 일정을 확정했다. 재일작가在日作家 김석범의 화산도는 제주 4 · 3항쟁의 불편한 진실을 눈 감고 아웅하는 세상 밖으로 불러냄으로써 탐라에서 살아온 제주 민중의 피맺힌 역사와 비극, 그리고 슬픈 역사와 영광을 되새길 것이다.

새롭게 출간하려는 아홉 번째 산문집 ≪江華 濟州 그리고 釜山≫에서는 2008년 여름 2주일 동안 수사님들과 함께 지낸 강화수도원 체험과 2013년 봄, 걸어서 258km 제주도 해안선을 일주한 제주도보 순례답사기를 정리하며 4 · 3항쟁을 함께하고 여덟 번째 에세이집 ≪집은 돌아오는 곳≫에 담지 못한 몇 편의 원고와 투석치료를 받기 시작하면서 써온 원고를 덧붙이려고 한다. 인문학 강좌는 내가 살고 있는 아파트단지의 주민을 대상으로 3개월을 한 기수로 매주 한 차례씩 생각과 삶을 나누는 소통과 공감의 자리를 마련하는 것이다. 인문학 강좌는 자신이 사회나 가정, 교회로부터 받아 배우고 쌓은 재능이 있다면 그것을 감사의 마음으로 되돌리려는 재능기부의 실천 현장이다. 그 꿈은 더불어 사는 공동체를 향한 오랜 소망이다. 새해 1월 4일부터 3월 말까지 두 달 동안 12강좌로 매주 월요일 저녁 한 시간씩 여는 강좌에 열정을 쏟을 일이다.

이른바 '제1기 예가인문학교실'의 12주간 주제는 우리의 삶에 중심을 두고, 첫째 주에 '우리에게 왜 인문학이 필요한가(인문학이란 무엇인가).'를 먼저 살피고, 두 번째 주에는 '자식농사 이대로 좋은가.'라는 주제로 '금수저'를 물려주기보다 바람직한 자녀교육을 생각하며, 세 번째 주 '인문고전의 이해(가족이 함께 책 읽기)'에서는 어린이 독서생활에 있어서 부모의 모범적 역할, 네 번째 주에는 '우리가 사는 지금은 어떤 시대인가(정보시대와 미래의 이해).', 다섯 번째 주는 'Rethinking the Future'를 통해 우리의 미래에 관심을 가지고, 여섯 번째 주에는 'Stay hungry, Stay foolish(늘 갈망하고 그리고 바보처럼 우직하게 나아가자).', 일곱 번째 주에 '나를 변화시키는 세 가지 열정(선택, 변화, 실천)', 그리고 여덟 번째 주 강좌를 통해서는

'무엇으로 살 것인가.' 아홉 번째 '나는 누구인가.', 열 번째 '무엇을 하는 사람인가.', 열한 번째 '어떻게 살아야 할까.', '무엇을 어떻게 읽을 것인가.' 등으로 나누어 스스로의 정체성을 생각하는 시간으로 마무리할 것이다. 이런 계획은 사전 설명회를 통해 소통의 기회를 가진 바 있다.

≪화산도≫를 읽기 위해 교과서나 언론에서 다루지 않은 제주 4·3항쟁을 김삼웅의 ≪해방후 정치사 100장면≫과 박세길의 ≪다시 쓰는 한국현대사≫, 제주대학교 평화연구소가 펴낸 ≪제주 4·3연구의 새로운 모색≫과 양정심 박사의 ≪제주 4·3항쟁-저항과 아픔의 역사≫, 그리고 이산하 장편서사시 ≪한라산≫에서 그 아픈 상처를 더듬고 에세이 ≪江華 濟州 그리고 釜山≫의 출판을 위해 잠자는 수도원 체험기와 제주도보 순례답사기를 흔들어 깨워 지난 2014년 6월 이후 계속하고 있는 투석의 일기를 하나하나 들춰낼 작정이다. 새로운 에세이집 발간을 위한 준비로 지난주에는 부산문화재단의 지역문화예술 특성화사업에 지원을 요청하고 인문학강좌의 개설을 위해서는 교우들과 기초공동체의 도움으로 오리엔테이션을 통해 수강희망자들과 첫 만남을 가졌다. 이 모든 일을 세우면서 욥기 8장 '빌닷의 첫째 담론'에서 "자네의 시작은 보잘것없었지만 자네의 앞날은 크게 번창할 것이네."라는 말씀을 가슴에 새기고 다지기로 마음먹었다.

별을 줍는 사람들

어제는 투석이 없는 주일이라 일찍 산책에 나섰다. 가을하늘을 머금은 나뭇잎이 단풍 빛깔로 물들기 시작하는 무지개 숲길이 한결 아름다웠다. 강의가 없는 날, 캠퍼스가 조용해지는 만큼 미리내 계곡을 흐르는 물소리는 여느 때보다 맑고 가깝게 들려왔다. 걸음마를 막 시작한 아기천사를 앞세운 가족들의 산책이 정답고 운동장에서는 젊음의 탄성이 간간이 정적을 깼다. 우리 부부가 울창한 숲길을 걷는 동안 티 없이 맑고 밝은 표정의 사람들과 마주치며 가슴 두근거리는 계절을 온몸으로 느낄 수 있었다. 스치는 사람들의 환한 표정에서 진한 감동과 치유의 이끌림을 느꼈다. 그것이 바로 몸과 마음을 말끔히 씻어 내는 깨달음의 힐링일까? 대학촌으로 이사한 뒤 3년째 계속하는 캠퍼스 산책에서 맛보는 느낌이다.

마음속으로 '오늘은 참 좋은 날이구나.' 하고 스스로 느꼈다. 그런 감흥에 젖어 걷다가 다시 한 무리의 청년들을 만날 수 있었다. 그들은 내가 오래전부터 꿈꾸어 왔듯이 한 손에 커다란 대형비닐봉지 다른 손에는 집게를 들고 있었다. 쓰레기 봉지를 든 몇 사람은 숲 속에서 보물찾기를 끝내고 나타났다. 우리 부부가 걷는 길에서 큰 쓰레기봉지를 든 젊은이들과 마주쳤다. 그들이 든 봉지에는 찢어진 벽보 조각과 종이컵 등 갖가지 쓰레기로 터질 듯 채워져 있었다. 나는 순간 모든 사람이 쉬는 주일에 일하는 젊은이들이 궁금했다. 참지 않고 물었다. "오늘도 이렇게 수고를 하시는군요." 하고 말을 건네자 "예, 저희들은 캠퍼스에 떨어진 별을 줍고 있습니다."라는 대답이었다. 한 구절의 시구를 대하듯 신선했다. 엉뚱하고 신기하다 싶어 눈이 휘둥그레진 나에게 한 청년이 말을 이었다.

"저희들은 이 대학교의 '별을 줍는 동아리' 회원들입니다. 오늘은 일요일이라 회원들이 교정에서 쓰레기를 줍기로 한 날입니다. 저희들은 캠퍼스 숲 속에 버려진 휴지와 쓰레기, 종이컵과 담배꽁초, 비닐봉지와 찢어진 채 버려진 벽보 조각을 하늘에서 내려온 별이라고 생각하고 주워 담는답니다." 대화는 그렇게 끝났다. 그들은 가던 길을 계속 올라가고 우리는 내려왔다. 우리는 서로 다른 방향으로 걸었다. 그러나 멀어질수록 더 진한 감동과 힐링의 이끌림이 한 점에서 끈끈하게 만나고 있었다. 아내와 함께 그 감동의 여운을 나누며 계속 걸었다. 우리가 미처 알지 못하는 동안 대학의 동아리 활동은 학문과 문화, 정치와 사회참여, 농활과 이웃돕기, 종교와 동호회 모임뿐 아니라 이렇게 순수 봉사활동으로 그 영역으로 넓히고 있음을 알고 흐뭇했다.

'동아리'는 대학가에서 동호회나 학내 활동 모임을 일컫는 서클(circle)이나 클럽(club)이라는 외래어에 대체한 우리말이다. 대학생활에서의 동아리 활동이야말로 인간이 세상의 중심에 서는 인문학적 소양을 기를 수 있는 기회다. 우리나라에서 '동아리'라는 말을 처음 사용한 것은 지난 1980년대 연세대학교의 한글연구동아리 '한글 물결'이라고 전해진다. 모두들 제 나름의 휴일을 즐기는 여유로운 가을날 오후 한때 캠퍼스의 구석진 곳에서 버려진 휴지와 쓰레기를 하늘에서 내려온 별로 여기며 줍는 대학동아리 청년들의 모습이 저에게는 살아 있는 젊은 천사들의 감동으로 다가왔다. 그 천사들의 숨은 모습을 발견한 것 또한 은총이었다. 예수 그리스도께서 인류의 죄를 속죄하시려고 지신 십자가를 묵상하는 '성 십자가 현양 축일'에 내리신 크나큰 선물을 한 아름 받은 기분이 들었다.

배, 뭍에 오르다

부산중학에 다닐 때 ≪갯마을≫을 단체 구입해서 읽었다. 1956년판 소설집 ≪갯마을≫ 표지는 돛단배를 그린 수채화가 표지화였다. 작가 오영수는 저항의 횃불을 높이 치켜들고 펄떡거리듯 살다 요절한 낮도깨비 민중판화가 오윤의 아버지다. 나는 소설가 오영수보다 그의 아들 오윤과 시대를공감하는 세대다. 소설 ≪갯마을≫은 이렇게 시작한다. "서西로 멀리 기차 소리를 바람결에 들으며, 어쩌면 동해 파도가 돌각담 밑을 찰싹대는 H라는 조그만 갯마을이 있다." 그 'H라는 조그만 갯마을'은 주머니 모양으로 생긴 포구가 엎드린 아름다운 갯마을이다. 학鶴의 모습을 닮아 목덜미처럼 잘록한 마을 진입로가 언덕에서 갯가로 쏟아지듯 내려간다. 겨울이면 마을 뒤 허리 굽은 해송에 학무리가 하얗게 내려앉아 예부터 학리鶴里라 불렀다고 전한다.

이래저래 학리는 학과 무관하지 않은 마을이다. 31번 국도를 타고 나서면 왼쪽에 동해남부선, 오른쪽으로 물 맑은 동해가 하늘과 맞닿아 펼쳐놓은 풍광이 아름답기 그지없다. 그 길 따라 어부의 고된 삶이 발길 닿는 곳마다 이어지고 왜구의 침략을 살폈던 봉화대와 임진왜란 때 우리 성곽의 밑돌을 빼다 쌓은 죽성리, 임랑리, 서생포 왜성이 치욕의 역사를 이야기한다. 학리의 길목 삼성리는 옛날에는 큰 마을이 자리 잡았던 곳으로 철길이 생기기 전에는 일광으로 오가는 큰길이 나 있던 곳이다. 지금은 신작로가 넓혀지고 건물이 들어서 몰라보게 바뀌었다. 임진왜란 때 부산항으로 침입한 왜군이 동래성을 거쳐 기장성으로 진격해 오자 겁에 질려 싸울 생각마저 포기한 기장현감 이용준이 도망치다 왜군에게 붙잡힌 곳도 바로 삼성리 노상이었다.

임진왜란 이후 기장현은 7년 동안 이름마저 빼앗긴 주인 잃은 읍성으로 잡초만 무성한 폐허로 남았다. 선조 32년에 폐현되고 끝내 지명이 없어진 곳이다. 그로부터 18년 뒤인 광해군 9년에야 지명을 되찾았다. 또한 이곳은 영화 〈광해〉의 뒷이야기가 서린 곳이다. 고산 윤선도는 30대의 젊은 나이에 광해군 밑에서 세도를 부리며 국사를 그르친 정승과 왕후의 오빠에 대한 죄상을 알리는 상소문을 올렸다가 화를 입었다. 그는 처음 강원도 경원으로 귀양을 갔다가 기장으로 이배移配되어 삼성리에서 울분을 삭이며 지냈다. 송강 정철과 더불어 조선조 3대 가인歌人의 한 사람인 고산이 이곳에서 귀양살이 6년 동안 주옥같은 시 11수를 남겼다. 오늘도 삼성리 마을 어귀에 세워진 고산 시비는 철썩이는 파도 소리에 그날의 역사와 울분을 머금은 채 우뚝 서있다.

일광으로부터 서생에 이르는 백릿길 해안선은 혹독한 왜란으로 민중의 아픈 상처가 삶의 흔적으로 남아있다. 이곳에는 신라 때 선사들이 거쳐 간 토굴선방으로 이름난 절집과 외국선교사가 세운 성당, 교회가 즐비하다. 그만큼 민중의 애환이 깃든 곳이다. 임진왜란 때 왜군과 함께 들어온 스페인 예수회 소속 세스페데스(Gregorio de Cespedes) 신부가 웅촌왜성으로부터 뱃길 따라 이곳 죽성리왜성을 오갔으며 6 · 25 이후에는 꼰벤뚜알 성 프란치스코 수도회 팔다니(Francisco Faldani, 한국명 범덕례) 신부가 삼덕마을에 일광성가원을 설립하여 음성나환자들을 돌보면서 기장과 길천에 성당을 세우느라고 흰수염 휘날리며 오트바이를 타고 오갔던 길이다. 이 길에는 다른 곳에서 볼 수 없는 진풍경이 하나 있다. 진풍경이란 다름 아니라 물 위에 떠 있어야 할 고깃배가 뭍에 오른 것이다.

나는 그 광경을 볼 때마다 '배가 뭍에 올랐다.'며 개구쟁이처럼 좋아했다. 뭍에 오른 배는 대부분 작은 고깃배들이다. 고깃배의 선체는 나무나 강화플라스틱으로 만들어졌는데 엔진을 붙이면 동력선, 없으면 무동력선으로 구분되고 엔진을 배 뒤

바깥에 달았다고 선외기라고 부른다. 갯마을 사람들은 선외기를 흔히 '스네끼'라고 부른다. 먹구름을 앞세우고 태풍이 불어오면 갯가에서는 배를 방파제 안으로 끌어다 묶어둔다. 그러나 이곳에서는 아예 배를 뭍으로 끌어올려 길가나 마을 주변 빈터에 끌어올려 묶어두는 것이다. 기장군과 서생면에는 1톤 미만의 어선이 600여 척에 달한다. 올 들어서는 제7호 태풍 '카눈'을 시작으로 '산바'까지 잦았다. 태풍경보가 내리면 스산한 날씨 속에 목소리 큰 어촌계장가 목청을 돋우어 동네 청년들을 진두지휘하며 배를 뭍으로 끌어올리는 작업이 한바탕 갯마을 잔치가 된다.

우리는 평소 바다 위에 떠있는 배의 선체 윗부분만을 볼 수 있다. 그러나 배가 뭍에 오르면 굴 껍데기가 다닥다닥 붙은 배 밑까지 훤히 들여다볼 수 있다. 혼자서 배 밑을 볼라치면 괜히 못 볼 것을 훔쳐보는 것 같아 가슴이 두근거린다. 백조는 물 위에 떠 있어야 하듯 배도 물 위에 떠있어야 한다. 그러나 태풍이 부는 날이면 작은 고깃배는 줄지어 뭍으로 오른다. 배가 뭍에 오르는 날 31번 국도에는 군데군데 거대한 전람회장이 된다. 배가 평소 물과 맺었던 관계를 끊고 새로운 관계를 모색하는 퍼포먼스를 벌이는 것이다. 그것은 여름 한철 갯마을에서 볼 수 있는 행위예술이다. 일상의 관행이 아닌 새로운 자리를 설정하는 전위예술이기도 하다. 다다이즘이나 쉬르리얼리즘에서 말하는 '데페이즈망(Depaysement)의 미학'을 확인하는 현장을 직접 보게 된다.

물 위에 떠 있어야 할 배가 뭍에 오르는 희한한 일이 벌어지는 광경을 목격하면서 상상의 나래를 펼친다. 현대미술의 경계에 선 마르셀 뒤샹(Marcel Duchamp)은 소변기를 화장실이 아닌 전시회에 옮겨다 놓음으로써 기존의 틀과 형식으로부터 벗어나려고 시도했듯이 꿈꾸는 미래를 유감없이 보여준다. 갑갑하고 답답한 현실에서 숨을 죽인 삶의 일탈을 위해 소용돌이를 일으킨 것이다.

고깃배들이 발가벗은 채 뭍에 올랐다.
뭍에 오른 배를 보면 가슴이 뛴다.
정신이 황홀하고 숨이 차오른다.
뭍에 오른 배는 바다가 그리워 몸을 뒤척인다.
보라, 뭍에 오른 배를!

칼도깨비, 오윤 회고전

새봄 부산에서 '오윤 회고전'이 열렸다. 옛 혈청소, 암남공원으로 이어지는 송도 갈맷길에는 물 맑은 봄 바다에 진종일 파도가 밀려왔다. 무심한 흰 포말이 오윤의 예술혼과 시대정신을 이야기하는 것 같았다. 오윤吳潤의 회고전은 1986년 공간화랑에서 처음이자 마지막으로 전시회를 가진 뒤 부산에서는 27년 만의 일이다. 송도 '미부아트센터'에서 열린 〈나무에 새긴 동래학춤－오윤 회고전〉에서는 판화 170여 점을 비롯한 다양한 소묘가 걸렸다. 이번 전시회에서는 간결한 선의 리듬이 강한 울림을 주는 드로잉과 삽화를 선보였다. 특히 '박꽃누나' 28점은 아직 철이 일러 터지지 않은 어린 꽃망울처럼 한 편으로 비켜서서 때를 기다리는 듯했다. 민중화가 오윤은 ≪문학사상≫에 게재된 단편소설 〈특질고〉로 진영논리와 마녀

사냥에 휘둘렸다가 끝내 병들어 숨진 아버지 오영수의 뒤를 이어 부산에서의 첫 전시회를 겨우 마무리하고 마흔한 살의 나이로 서둘러 세상을 떠났다.

오윤은 살아생전 변변한 전시회도, 지금과 같은 평가도 받지 못하다가 오늘에야 낮도깨비처럼 불쑥 세상에 나타났다. 300평 가까운 2층, 3층 전시공간을 둘러보는 동안 가슴이 뛰었다. 8 · 15와 6 · 25, 4 · 19와 5 · 16의 역사 전개과정에서 압제와 공포에 맞서 투쟁하다 요절한 오윤의 민낯과 맞닥뜨렸기 때문이다. 이번 전시회는 5. 16군사쿠데타 이후 조국 근대화라는 미명 아래 엄혹했던 독재체제의 그 추악하고 잔인했던 죄악상, 핍박과 저항으로 점철된 민주화 과정을 그는 자신이 새긴 한 마리의 까마귀, 〈검은 새〉의 눈으로 꿰뚫어 보았다. 그는 그림을 통해 농민과 노동자, 민중의 현실에 대한 사회적 발언을 게을리하지 않았다. 〈애비〉와 〈모자〉에서 느낄 수 있는 공포감과 두려움이 바로 동시대인의 현실이었다. 오늘에 이르도록 숱한 사람들이 늙고 병들어 죽어갔고 회유와 협박에 무너져 생각을 바꾸었거나 궤변과 변절을 일삼아 우리를 분노케 하고 있다. 이런 세상에 오윤은 한을 풀어보려는 듯 신들린 무당이 되어 다시 칼을 뽑아든 것이다.

아니, 유령이 다시 떠도는 시대에 두 눈을 크게 떴나 보다. 이번 회고전을 기획한 윤범모 교수는 〈춤추는 무당미술가, 나무에 꿈을 새기다〉라는 글에서 "오윤의 작품에 즐겨 등장된

소재는 춤이다. 전통춤은 주객의 혼연일체, 이는 무대와 객석을 엄격히 구별하고 공연하는 서양 춤과 맥락을 달리하는 부분이다. 우리 춤은 같은 수평 마당에서 연희자와 구경꾼이 일체감을 이루는 장점을 가지고 있다. 바로 신명의 세계는 춤이 주는 덕목이다."라고 썼다.

지난날 오윤은 〈오늘의 우리에게 굿은 무엇인가〉라는 대담에서 "전 그래요. 저는 예술가라면 무당이어야 한다고 생각해요."라고 말한 바 있다. 나는 스님, 사제, 목회자를 무당 그 이상도 이하도 아니라고 본다. 그는 자신의 말을 까먹지 않고 〈춤〉과 〈아라리요〉, 〈칼노래〉와 〈춘무인 추무인〉, 〈소리꾼〉과 〈징〉, 〈북〉과 〈북춤〉, 〈무호도〉와 〈앵적가〉, 〈통일대원도〉 등 숱한 작품을 떨리는 손으로 파고 새겼다. 이번 회고전에 붙인 '나무에 새긴 동래학춤'과 춤에 관련된 많은 작품들은 동래학춤을 전승하려는 그의 외가의 영향이기도 하다.

근사한 무당으로 우리에게 감동을 주고 공감을 불러일으키기를 원했던 그의 줄기찬 미학은 "미술이 어떻게 언어의 기능을 회복하는가 하는 것이 오랜 나의 숙제였다."라고 말한 바 있다. 내가 오윤을 알게 된 것은 부산중학교 1학년 때의 일이다. 기장 일광의 조그만 갯마을 학리를 작품 무대로 삼은 오영수의 단편소설 〈갯마을〉을 읽고서부터다. 내가 중학교에 다니던 시절에는 미술시간에 판화를 배웠다. 그 어린 시절의 학습이 판화에 대한 이해와 관심, 판화가 오윤에 대한 애정을 가졌다. 나는 이번 회고전을 통해서 오윤의 판화로 표지를 꾸민 월간지 ≪열매≫와 ≪이원수 아동문학 전집≫을 비롯한 최하림, 김창범, 김관식, 신경림, 김지하, 강은교 시집과도 다시 만날 수 있었다. 김창범 시집 ≪봄의 소리≫, 신경림 시집 ≪새재≫, 강은교 시집 ≪붉은 강≫, 박노해 시집 ≪노동의 새벽≫과 김지하의 담시 ≪오적≫과 ≪황토≫, ≪밥≫과 ≪남녘땅 뱃노래≫의 표지화가 이번 회고전에 전시되었다.

당시 그는 번듯한 직장도 갖지 못한 채 술로 울분과 한을 품고 열혈청년으로 살다 끝내 병들어 숨졌다. 학고재가 오윤 10주기를 맞아 추모판화작품집 ≪오윤, 동네사람 세상사람≫에 이어 컬쳐북스에서 국립현대미술관의 작고 20주기 회고전 〈낮도깨비 신명 마당〉을 계기로 묵직한 도록을 발간했다. 그 이듬해 민주화운동기념사업회(이사장 함세웅 신부)가 그를 16번째 시대의 불꽃으로 선정하고 ≪한恨을 생명의 춤으로, 오윤≫이라는 평전을 펴냈으며 '현실과 발언' 창립 30주년 기념전을 즈음하여 현실문학이 ≪오윤 전집≫을 3권으로 발간했다. 평전을 쓴 작가 김문수는 "그가 탈춤, 마당극, 농악, 판소리 등 민중연희의 한 장면을 즐겨 그리며 민족의 '한恨'과 '신명'의 정서 그리고 '해학'의 감정을 살려내고자 한 것은 단순히 보이는 민중의 삶을 그려내려는 것이 아닌, 민중의 맥박이고 혼魂인 그 생명력 자체를 담아내려고 했기 때문이다."라고 썼다. 그의 작품이 때로는 살벌하고 무섭게 느껴지는 것은 민중의 피땀 어린 삶의 현실이 진하게 묻어나기 때문이다.

그는 젊은 날 치열한 작품 활동뿐만 아니라 〈현실과 발언〉의 발기를 통해 자본주의에 찌든 한국화단에 네오리얼리즘의 폭풍을 일으켰다. 더구나 그의 작품에는 생활 속에 자리 잡은 뿌리 깊은 가족공동체를 바탕으로 〈봄〉과 〈천렵〉, 〈김장〉과 〈범놀이〉, 〈모자〉와 〈할머니〉를 통해 가족의 정이 넘쳐흐른다. 시간과 더불어 모든 것은 지나가고 변하기 마련이다. 오윤도 우리 곁을 떠났고 우리도 머지않아 그 길을 가게 될 것이다. 오윤의 회고전을 계기로 그가 겪었던 뼈저린 가난과 슬픔, 인간적인 외로움과 고뇌의 삶을 불꽃같이 산 그의 뜨거운 삶과 예술혼을 만날 수 있었다. 그는 판화라는 예술행위를 통해 자신이 직면한 삶에 충실했으며 재야의 중심에 자신의 몸을 던진 예술가였다. 오윤이 이승의 가장자리를 떠나는 날 두 아들 상묵과 상엽, 그리고 누나 오숙희, 남동생 오건, 누이동생 오영아가 지인들과 함께 그를 땅에 묻을 때 시인 정희성은 조시弔詩, 〈판화가 오윤을 생각하며〉를 흐느끼며 읽었다.

묘관음사妙觀音寺

물 맑은 동해안으로 나아가는 31번 국도를 타고 갯가로 나선다. 송정, 일광을 지나 해송가로수 길을 따라 동백, 신평, 칠암, 문중, 문동마을로 이어진다. 옛사람들은 이 다섯 마을을 한데 묶어 중국에 있는 문오성門五聖 또는 문오동文五洞이라 불렀다. 지난 1980년대 민중화가 오윤의 작품 〈천렵〉의 무대였던 좌광천이 정관을 거쳐 임랑 해수욕장으로 흘러들며 일광면과 장안읍을 나눈다. 문오성을 지나면 '임랑'이라는 이정표가 눈에 들어오고 600년 묵은 해송이 버티고 서서 길손을 맞고 보낸다. 31번 국도 오른편으로는 물 맑은 동해, 왼쪽으로는 동해남부선이 정겹게 달리며 곤히 잠든 갯마을의 아기들을 깨운다. 길섶에 엎드린 어느 오두막집 도가지에서는 젓갈 익는 냄새가 풍길 것 같다. 모든 게 '달 안에 있다.'는 월래月內로 가다

보면 왼편 언덕바지에 묘관음사妙觀音寺라는 큼직한 표지석을 보고 몇 걸음 올라선다.

딴 세상이다. 철길이 지키는 정적을 뛰어넘으면 바로 사찰의 경내다. 기장군 장안읍 임랑리 산 1번지에 자리 잡은 묘관음사는 동해남부선 철길이 일주문이다. 초입부터 청량한 솔향기를 머금은 갯바람과 대숲에서 이는 바람이 일상에 찌든 나그네의 몸과 마음을 울린다. 고즈넉함을 찾아 들어선 숲 사이로 절집 용마루가 수줍은 듯 얼굴을 내민다. 시인 이문조는 묘관음사를 두고 "너무 맑고 고요하다."라고 썼다. 그렇다. 사철 푸르고 울창한 대숲은 오늘도 정갈하다. 기장에는 장안사와 안적사를 비롯한 신라의 천년 고찰들이 즐비하다. 그리고 이곳에는 모두 71곳이나 되는 크고 작은 사찰이 골짝마다 들어서 있고, 교회 56곳, 성당 6곳이나 세워질 만큼 이곳 사람들의 삶 또한 고달프고 한恨이 많았나 보다.

작고 아담해서 한눈에 들어오는 절집, 묘관음사는 고작 고희를 넘겼지만 참선도량으로 탄탄한 맥을 이어온 사찰이다. 대웅전을 가운데 두고 왼편에 길상선원, 오른편에 산호당을 두었다. 대웅전과 마주보는 입구 아래쪽에 천왕문을 둔 'ㅁ'자형 가람 배치다. 사역으로는 대웅전, 길상선원, 천왕문, 조사당, 삼성각, 요사채가 세워지고 한쪽에는 범종각과 부도밭이 자리 잡았다. 창건 당시 향곡 스님이 담양에서 옮겨다 심었다는 왕대 숲이 우거지고 열대 야자수가 이국적인 분위기를 자아내는 대웅전 앞뜰에는 한 쌍의 홍단풍과 청단풍이 단아하게 마주보며 불심을 속삭인다. 불심 깃든 바닷바람이 풍경 소리와 함께 절집의 적막을 흔들어 깨운다. 시끌벅적한 세간을 떠나 이곳에 서면 발걸음 소리와 숨소리마저 소음일까 두렵다.

갯가 절집, 묘관음사는 여느 절집과는 확연히 다르다. 그 첫째가 성과 속의 경계를 가르는 일주문이 없다. 절집에 일주문이 없다는 것은 부처님께 나아가기에 아무런 경계와 제한, 나아가서 막힘과 격식이 없다는 것이다. 원래 일주문은 성聖과 속俗을 나누는 자리지만 모든 것이 부정되어야 존재의 참모습을 보게 된다는 붓다의 가르침, 즉 공관空觀의 의미를 확인하는 곳이다. 그 자리는 정신적이고 인격적 품위를 가늠하는 윤리적 범주에 속한다. 일주문 앞까지는 세간世間의 번뇌와 망상이 넘쳐나는 땅이요 일주문을 들어서면 출세간出世間으로 내적 검열을 통해 번뇌를 씻어내는 곳이다. 일주문 안은 비로소 부처님 땅이고 진리의 공간이다. ≪금강경≫의 큰 뜻처럼 누구나 사람의 몸과 생각은 태어나고 늙고 병들어 죽는 생로병사生老病死의 고통을 겪으며 생각이 나오고 이어지고 달라지고 없어지는 생주이멸生住異滅과 우주만물이 이루어지고 존속되다 무너지고 공空이 되는 성주괴공成住壞空의 지혜를 깨우친다. 수행자들은 지금 이 시간에도 진리의 공간에서 어떠한 화두에도 얽매이지 않고 경계를 넘나들며 초월적인 삶에 용맹정진한다.

오래된 절은 일주문과 금강문, 천왕문과 불이문 등 4개의 문을 지나야 본전에 이르지만 묘관음사에는 오직 천왕문이 있을 뿐이다. 그만큼 소박하고 겸손한 절이다. 거기다 사방을 둘러친 담장도 없고 그 흔한 철조망 하나 없다. 일주문과 담장이 없다는 것은 대문을 활짝 열어놓은 채 부처님과 대중이 거침없이 만나 소통하고 공감할 수 있다는 것이요 부처님이 살아계심을 느끼게 하는 곳이다. 다음은 법당에서도 푸르고 넓은 바다를 보고 들을 수 있다. 바다의 일렁임과 들숨 날숨, 그 깊은 숨통을 통해 침묵과 외침을 들을 수 있고 무아 · 무심 · 하심의 경지에 이른다. 이곳에서 듣는 파도 소리는 잠들지 않는 독경 소리요 풍경 소리다. 발끝에 바다를 마주하고 서면 절로 해인삼매海印三昧에 빠진다. 흔히 우리나라의 4대 해수관음도량으로 동해의 낙산사 홍련암과 서해의 강화 보문사, 남해의 향일암과 보리암을 든다.

임랑의 묘관음사는 어느 절집보다 낮은 자세로 바다를 향해 엎드린다. 바다의 소리를 듣고 관觀 하는 경지에 이른다. 이곳에 들어서면 호사스런 치장이나 허세를 찾아볼 수 없다. 가난하고 질박한 살림과 소박하고 단순한 삶의 전통이 묻어날 뿐이다. 소유에 병들지 않은 자발적 가난과 욕심 없는 청빈의 삶을 실현하는 도장이다. 그 흔한 국보나 보물, 문화재도 한 점 없다. 오직 쉼 없이 들려오는 파도 소리가 기도와 깨우침이 되는 절집이다. 이곳에서는 모든 사물의 본질을 이해하고 불법의 참다운 이치를 깨닫는 지혜를 구하는 ≪반야심경般若心經≫에 푹 빠져 모든 것이 시작과 끝도 없는 공空이요 이것이 있으므로 저것이 있고 이것이 없으므로 저것도 없다는 수수께끼 같은 불교 교리 연기緣起를 헤엄칠 수 있다. 마음의 문을 어떻게 열어야 하는지, 왜 열어야 하는지를 생각하게 한다. 불교에서 지향하는 이타행利他行과 하화중생下化衆生을 다시 생각하게 된다.

세속의 때를 씻어내고 마음을 다스리는 것은 성과 속이 동시에 공존하는 세상에서 불도를 닦으려는 대중에 지워진 성스러운 몫이리라. 묘관음사의 불심은 토굴에서 시작되었다. 운봉스님이 처음 바다가 내려다보이는 산속에서 수행하다 토굴을 파고 면벽수행에 정진할 때 금모대金毛臺라는 이름을 붙였다. 고작 한두 명이 들어앉을 수 있는 토굴선방에서 어렵사리 초가삼간 암자를 마련하였다. 그 이후 안거를 해제한 수행자들이 인근의 좌천, 월래, 일광, 기장, 서생 등지로 탁발공양을 나섰다. 그렇게 이태를 보낸 1943년 운봉雲峰의 제자 향곡香谷이 묘관음사를 창건하기에 이른다. 절집이 세워지고 참선도량인 길상선원이 들어서자 이름난 선승들이 하나둘 찾아들었다. 우리나라 근대불교의 새벽별이라 일컫는 경허鏡虛 스님의 제자 혜월慧月 스님도 한때 이곳에서 홀로 불성을 밝혔다.

이런 일화도 전해진다. 혜월은 논밭을 개간하여 절 대중을 먹여 살렸던 일 때문에 흔히 개간선사로 불리기도 한다. 어느 날 도둑이 들어 갓 추수한 쌀가마를 몰래 지고 가려고 끙끙대는 모습을 뒤에서 지켜본 혜월이 도둑의 등을 밀어주며 "먹을 것 떨어지거들랑 다시 오게!"라고 말했다고 하지 않던가. 혜월은 겨울산에서 땔감으로 솔방울을 따다가 끝내 소나무 가지를 붙잡은 채 열반에 들었다고 한다. 그런가 하면 묘관음사에 토굴선방을 낸 운봉 스님과 그의 제자 진제眞際 스님, 절집을 짓고 선방 길상선원을 연 향곡 스님, 1949년 향곡의 절친한 도반 성철性徹 스님은 생식하며 밤에도 눕지 않는 장좌불와長坐不臥로 선을 철하는 등 이곳은 대선사 경허, 혜월, 운봉, 향곡, 진제로 이어지는 한국선불교의 법맥을 이은 성지다. 그뿐인가. 서옹, 석암, 구산, 성철, 월산, 자운 스님으로 이어지는 선종의 깊은 고독이 묻어나오는 곳이다.

영등할멈이 내려올 때면 절집 앞까지 파도 소리 높다. 파도가 기도가 되고 예불을 이끌며 대중에게 깨우침을 전한다. 작은 포구에는 닻을 내린 어선들도 하나같이 법문의 방향으로 머리를 향하고 귀 기울인다. 파도 소리가 향내처럼 낮게 깔린 경내에 청아한 풍경 소리 문득 세상을 향한 법문이 되어 우리가 겪고 있는 번뇌와 욕심을 깨친다. 이 밤도 잠들지 않은 파도 소리는 소유와 집착의 허무를 버리고 소통과 득도에 이르도록 죽비를 내리치며 "시비를 떠나 부처님 법대로 살아라."는 법어를 되풀이한다. 묘관음사는 오늘도 세상 사람들을 향해 군림하기보다는 온유하고 겸손하게 자비와 평화를 나누며 버림으로써 더 크게 채우는 충만한 삶을 깨닫게 한다.

생선 대가리

명절 뒤에 남은 음식으로 만드는 콩나물조림과 열구지탕의 맛이 그만이다. 이 두 음식은 생선 대가리가 그 맛을 좌우한다. 생선 중에는 뼈가 억센 도미 대가리가 으뜸이다. 예부터 어두일미魚頭一味라고 "생선의 감칠맛은 대가리에 있다."고 하지 않았던가? 먹다 남은 크고 작은 생선 대가리를 넣은 콩나물조림과 열구지탕이 입맛을 돋우는 것은 기름진 명절음식에 물린 입맛을 돌려놓기 때문이다. 열구지탕은 한자로 즐거울 열悅자에 입 구口자를 써서 '悅口之湯'이라 쓰는데 '입맛에 맞는 국' 또는 '입이 즐거운 탕'이라는 뜻이다. 입맛을 돋우는 열구지탕이 밥상에 오르면 혀가 춤을 춘다. 음식은 대체로 찌거나 굽고 볶거나 끓인다. 국물이 있는 음식은 다시 국과 찌개, 탕과 전골로 나누어진다. 전골은 궁중음식으로 전해오는 것으로 굽이 있는 신선로에 숯불까지 담아서 상에 올린다.

중국으로부터 처음 신선로가 전해졌을 때는 열구자탕悅口子湯이라고도 불렀다고 한다. 국과 찌개, 탕과 전골은 국물과 건더기의 비율에 따라 붙여진 이름이다. 그 비율은 국과 탕이 국물이 가장 많고 찌개와 열구지탕은 반반 정도, 전골은 건더기가 더 많다. 탕은 흔히 달여서 마시는 한약을 일컫거나 국을 높여 이르는 말이다. 그래서 국을 제상에 올릴 때는 탕이라고 하지 않던가? 열구지탕은 그릇에 재료를 고루 넣고 물과 불로 지그시 끓인다. 그러나 명절 뒤에 남은 음식으로 손쉽게 끓여내는 열구지탕은 숨은 손맛과 담는 그릇에 따라 그 맛이 다르게 느껴진다. 이런 열구지탕이 밥상에 오르면 다른 찬은 일단 뒤로 물러나야 한다. 그만큼 열구지탕의 위세가 대단하다. 열구지탕이라는 음식 이름은 고전소설 〈이춘풍전〉에서도 나온다.

〈이춘풍전〉은 조선 숙종 때 서울과 평양을 무대로 두루 설쳤던 한량 이춘풍을 주인공으로 내세워 시대를 풍자한 고전소설이다. "춘풍이 오입하여 하는 일마다 방탕하고, 세전지물世傳之物 누만금累萬金을 남용하여 없이 할 제, 남북촌南北村 오입쟁이와 한가지로 휩쓸려 다니며, 호강하며 주야로 노닐 적에, 모화관慕華館 활쏘기와 장악원掌樂院 풍류하기, 산영에 바둑 두기, 장기 골패 쌍륙雙六 수투전數鬪牋 육자배기 사시랑이 동동아 엿방망이 하기와, 아이 보면 돈 주기, 어른 보면 술대접하여, 고운 양자 맑은 소리, 맛 좋은 일년주一年酒에 벙거짓골 열구지탕 너비할미 갈비찜에 일일장취 노닐 적에, 청루미색靑樓美色 달려 들어 수천금을 시각에 없이 하니, 천하부자 석송인들 그 무엇이 남아돌까, 티끌같이 없어지고 진토같이 다 마른다."라고 한량을 내세워 당시의 시대상을 해학과 풍자로 빗댔다.

명절을 보내고 가족들이 떠난 뒷자리는 썰렁하고 적막하다. 왁자지껄하던 분위기는 어느 틈에 쓸쓸해지고 멀리서 개 짖는 소리만 간간이 들릴 뿐 집안은 적적하기 그지없다. 그럴 때면 열구지탕을 안주로 한 잔의 소주가 외롭고 허전한 마음을 달래주는 좋은 처방이 된다. 때로는 큰마음 먹고 가족을 위해 열구지탕을 끓이는 날 아내에게 "여보, 뭘 더 넣어볼까?" 하고 능청을 떨어볼 만도 하다. 명절 뒤 소쿠리에 널브러진 생선 대가리와 전, 찜과 튀김, 나물과 탕국물을 넣은 뚝배기에 땡초를 넣고 팔팔 끓여 보라. 그 얼큰한 맛에 어떤 까칠한 기질과 투정도 잠재울 수 있다. 열구지탕을 끓일 때는 무엇보다 생선 대가리와 땡초가 맛을 좌우한다는 것을 잊어서는 안 된다. 약한 불에 천천히 달구어야 제맛을 내는 열구지탕은 맛을 아는 사람에게 분명 잃어버린 옛 엄마의 손맛을 되찾아 줄 것이다. 열구지탕을 먹을 때면 "나도 살면서 생선 대가리 노릇을 할 수 있어야 하지 않을까?" 하고 독백하게 된다.

전어, 황금 갑옷을 입다

해마다 전어가 나올 때면 더위가 한풀 꺾인다. 갯마을 포구마다 전어가 파시를 이룰 때 계절은 황금빛으로 물든다. 전어는 더위에 지친 사람들의 입맛을 되살리고 기운을 북돋운다. 소식이 뜸하고 서먹서먹하던 사이도 전어회 한 접시와 소주 한 병이면 묵은 감정의 앙금도 깨끗이 씻어내고 만사형통이다. 전어회를 한입 가득 넣고 씹어보라! 씹을수록 바다의 깊은 맛을 느낄 수 있다. 무더위 끝에 한차례 태풍이 지나자 물 만난 전어가 어판장에 올라 파시를 이룬다. 소설 같은 세상은 항상 반전을 꾀한다. “가을 전어 대가리 참깨가 서 말”이라는 말과 “전어 굽는 냄새 맡고 집 나간 며느리 돌아온다.”는 말은 이제 진부하다. 그러나 전어회를 입에 넣는 순간 “그래, 너로구나!” 하고 고개를 절로 끄덕이게 된다.

그만큼 전어 맛은 혀를 감치고도 남는다. 전어는 회로, 구이로, 무침으로 스시로 젓갈로 다양하게 쓰인다. 비린내 나지 않는 전어회무침으로 이름난 동래 온천장의 육일횟집은 금정산성을 오르는 길목에 자리 잡아 산꾼들에게는 그냥 지나치기 어려운 참새방앗간 격이다. 감칠맛 나는 회무침은 물기가 묻어나지 않게 다듬는 일이 첫째다. 그 일이 전어회무침의 맛을 내는 비결이다. 전어는 지역에 따라 그 이름도 箭魚, 錢魚, 全魚, 典魚 등 다양하다. 신유박해 때 정약전 형제가 전라도로 유배되었다. 당시 다산 정약용은 당진에 그의 형 손암 정약전을 흑산도에 떼어놓았다. 정약전은 귀양살이 중에도 흑산도 주변 물속을 샅샅이 뒤져 우리나라 최초의 수산학 생태연구서인 ≪자산어보茲山魚譜≫를 저술했다.

그 때 화살 箭자와 고기 魚자로 전어箭魚를 소개하면서 쏜살같이 빠른 몸짓과 배에 오르면 금방 죽는 성깔을 기가 막히게 표현했다. “큰 것은 1척 가량이고 몸이 높고 좁다. 빛깔은 황금빛 비늘에 배 부분은 희다. 기름이 많고 맛이 좋고 짙다. 흑산도에 간혹 있는데 육지 가까운 곳에서 나는 것만 못하다.”라고 썼다. 동시대인 실학자 서유구는 우리나라에서 잡히는 생선의 종류와 특징을 기록한 ≪난호어목지蘭湖漁牧志≫에서 돈 錢 자를 써서 전어錢魚라 했다. 그는 전어를 두고 “신분의 높고 낮음을 떠나서 모두 좋아하므로 사먹는 사람들이 돈을 생각하지 않는다.”라고 썼다. 예부터 전어는 그 맛 때문에 값을 생각하지 않고 누구나 사 먹는다고 했다. 값싼 전어는 서민의 먹거리로 모자람이 없고 요즘에는 전어가 다른 고기에 비해 칼로리가 낮고 필수적인 단백질이 풍부해서 다이어트 식품으로도 각광받는다.

가을이라 제철을 맞은 전어는 황금 갑옷을 온몸에 두른 개선장군처럼 당당하다. 물을 떠나는 순간 목숨을 초개草芥처럼 던지는 기개로 횟집 수조와 석쇠, 도마 위에서도 두고 온 푸른 바다를 그리워하며 발버둥친다. 나는 어릴 때부터 전어를 보고 자랐다. 여름방학이 끝날 무렵 숙제를 마무리하면 꼬치친구들과 어울려 전어낚시를 나갔다. 초보 낚시꾼에게 전어낚시는 가장 손쉬운 낚시입문 과정이다. 전어는 급한 성질만큼이나 입질이 분명해 낚시를 통째로 삼키는 바람에 물었다 하면 놓칠 위험이 전혀 없다. 낚시를 문 뒤 버둥대다 끌려올 때까지의 당김과 버팀이 낚시꾼들에게 짜릿한 쾌감을 느끼게 한다. 때로는 동네 형들이 투망질을 하는 날이면 귀찮은 심부름도 마다하지 않고 졸졸 따라다녔다. 뒤풀이 때 말석에서 얻어먹는 그 꿀맛 같은 전어회가 기다려지기 때문이다.

지난여름 친구들과 통영 소매물도에 갔을 때는 어느 해보다 일찍 전어 맛을 볼 수 있었다. 강구안을 껴안은 어느 자연산 횟집의 후덕한 주모가 "시장에 나가보이 벌씨러 전어가 올라왔디이라. 맛이 들었는강 한문 잡사 보소." 하며 술상에 올려준 전어회를 주모의 인정과 함께 맛볼 수 있었다. 황금 갑옷을 입은 전어가 지천에 깔린 해변의 한 점 소묘素描가 눈길을 끈다. 해운대의 마천루, 마린시티의 웅장한 빌딩숲을 배경으로 명물이 등장한 것이다. 지난 늦여름 '민락어민활어직판장' 주차타워 벽면에 그려진 '늙은 어부'의 모습이 바로 그것이다. 독일의 그래피티 작가 헨드릭 바이키르히는 올해 76세 난 현지 어민 박남세 옹을 모델로 초상을 그리고 그 아래 "역경이 없으면 삶의 의지도 없다."라는 화두를 던졌다.

평생 험한 바다를 누비며 살아온 늙은 어부는 오늘도 먹고 마시며 떠들어대는 우리를 물끄러미 내려다보며 깊은 생각에 잠긴다. 초저녁부터 백열등을 내다 건 민락동 어시장 주변의 포장마차 횟집은 시간이 흐를수록 전어와 소주에 취한 사람들의 콧노래가 흥겹다. 전어회는 번지르르한 고급 횟집에 앉아 먹는 것보다 개숫물이 길바닥을 흥건하게 적시고 왁자지껄한 난장亂場에서 목을 빼고 차례를 기다리다 얻어먹어야 제격이다. 요즘 어시장에 즐비한 이른바 간이수족관, '괴기다라이'에는 kg 당 2만 원 하는 씨알 좋은 전어가 넘쳐난다. 밤이 깊어 전어 굽는 연기 낮게 잦아드는 포장마차에 취기 어린 술꾼들이 하나 둘 일어선다. 밤이 깊었다. 밤하늘에는 아스라이 먼 별빛 다가와 황금 갑옷을 갈아입은 전어가 가을을 맞은 사람들의 마음을 비우고 채우기를 반복하며 "역경이 없으면 삶의 의지도 없다."라는 헨드릭 바이키르히의 말을 나직이 속삭인다.

노래하는 풀벌레

올해 칠팔월의 해는 유난히 길고 따가웠다. 그래도 그 긴 해가 기울면 한 줄기 시원한 밤바람을 타고 풀벌레 소리가 묻어왔다. 순식간에 이 잔인한 도시를 점령한 풀벌레들이 마련한 현장음악회가 여기저기서 열리는 것이다. 풀벌레 음악회는 들녘이나 강둑, 마당의 축담 밑, 골목의 공터나 길섶 어디든 가리지 않는다. 들을 귀 있는 사람이면 어디서든 누구에게나 허용된다. 풀벌레 노랫소리는 무더위 속에서도 가을을 기대하게 한다. 그만큼 이맘때면 "땅에서는 가을이 귀뚜라미 등에 업혀오고 하늘에서는 뭉게구름 타고 온다."라고 했다. 그렇게 가을 기운이 자리를 잡으면 숲 속에서는 여름밤의 풀벌레 음악회가 본격적인 가을 시즌을 앞두고 리허설이 한창이다. 귀기울이면 다양한 악기 편성과 그 규모가 방대해서 4관 편성의 오케스트라를 방불케 한다. 연주 기량 또한 빼어나다. 연주회는 어떠한 것에도 얽매이지 않는 레퍼토리로 관객을 이끌어 소통과 공감을 불러 일으킨다. 풀벌레가 연주하는 한여름 밤의 콘서트는 밤에 피는 꽃처럼 가슴속에 묻어둔 추억과 사랑을 끄집어낸다. 노래하는 풀벌레는 말하는 입과 들을 귀로 의사소통을 한다. 우리 주위에서 소리를 내는 풀벌레는 여치, 귀뚜라미, 베짱이, 메뚜기, 땅강아지 등 다양하다.

풀벌레 노래는 다양한 현악기처럼 부위의 위치와 크기에 따라 특이한 음색과 성량으로 소통하고 섬세한 공감을 일으킨다. 멀리 있는 암컷을 부를 때와 가까이 온 상대와 교감하는 암컷이 내는 소리가 다르다. 소리를 내는 곳도 날개, 넓적다리, 가슴, 목 등 여러 곳이고 소리를 듣는 기관도 있다고 한다. 풀벌레가 암컷을 부를 때나 짝짓기 할 때는 그지없이 부드럽고 감미로운 목소리로 세레나데를 뽑지만 경쟁 상대인 수컷끼리 만나면 상대를 물리치려고 사납고 거친 음조로 맹렬하고 거친 소리를 냅다 지른다. 드물긴 하지만 간혹 암컷이 작은 소리로 수컷에게 기쁨의 응답을 하는 경우도 있다. 땅강아지는 땅속에서 암수가 함께 사랑의 2중창을 부르는 경우가 바로 그 좋은 예다. 수컷이 "비이이이." 하고 길게 울며 암컷을 부르면 수컷을 만난 암컷은 수줍은 듯 짧게 "비이－비이－." 하고 스타카토로 응답한다. 어정거리면서 칠월을 보낸 풀벌레들이 팔월 들어 한결 바쁘게 노래한다. 거들먹거리며 빈둥거리다가는 사랑의 파트너를 구하지 못한 채 긴 밤을 홀로 보내야 한다. 풀벌레는 자연의 신비를 고운 선율로 노래한다. 한여름 밤의 콘서트는 한 마리의 선창자가 튜닝도 없이 첫 음만 잡으면 나머지 모두가 뒤질세라 남성 4중창으로 열띤 무대를 꾸민다.

귀기울이면 중창의 파트에 따라 내는 독특한 음색을 구분할 수 있다. 풀벌레가 소리를 낼 때 날개를 한 번 부비는 동작을 파동(pulse)이라고 한다. 1초에 4~5회인 것에서 200회를 넘는 것도 있다고 한다. 바로크풍인 단조로운 귀뚜라미 소리는 파동이 규칙적이어서 안정감을 주고 편안하다. 귀뚜라미는 왼쪽 날개가 현악기의 활이 되어 오른쪽을 비벼 "귀뚤 귀뚤 귀뚜르르~."를 반복해서 소리를 낸다. 귀뚜라미는 짧게 우는데 세 박자 울고 한 박자를 쉰다. 하룻밤에 평균 네 시간 반을 노래하기 위해 무려 4만 번이나 날개를 비빈다고 한다. 귀뚜라미 소리는 외롭고 고적한 사람에게 위로가 된다. 옛날 같으면 독수공방하는 여인의 애타는 심정, 고향을 그리워하는 나그네의 설움을 대신했다. 동네 강아지와 매미도 그렇지만 귀뚜라미와 베짱이도 한 마리가 먼저 소리를 내면 주위의 동료들이 순식간에 덩달아 화답한다. 여치의 날개는 몸통의 절반 정도로 짧고 베짱이는 몸통보다 날개가 길다. 베짱이는 높은 소리로 멀리 있는 상대와 소통하고 짝을 부른다.

여치의 울음소리는 '츱츱' 하는 예령에 이어 '쓰르르르' 하는 소리를 약 10초간 길게 낸다. 외로운 여치는 낮에도 곧잘 운다.

여치와 달리 베짱이는 그 긴 날개를 비벼 '치 치 치~.' 하고 소리를 내는데 한번 시작하면 1분 가량 끌고 간다. 메뚜기는 긴 뒷다리로 날개를 비벼 소리를 내는데 이동 중에도 소리를 내는 모바일 특성을 가졌다. 여치와 귀뚜라미는 비상시에는 소리로 경고를 발하고 자신의 세력 권역을 상대에게 선포한다. 풀벌레는 젊은이들 못지않게 프러포즈의 방법도 다양하고 천차만별이다. 특히 30도가 넘는 무더위가 계속될 때는 풀벌레 소리도 산소가 필요한 만큼 호흡이 빨라지고 톤도 덩달아 올라간다. 요즘같이 밤 기온이 올라가면 풀벌레들도 무더위 탓에 파동이 빨라지고 가뭄이 계속될 때는 소리가 맑고 높게 들린다. 비가 내리거나 습한 날에는 풀벌레 소리가 한 옥타브 낮고 부드러워진다. 한여름 밤 귀기울이면 자연은 온통 그리움과 사랑의 열정으로 넘친다. 이곳 저곳에서 들리는 풀벌레 노랫소리와 풀잎, 나뭇잎들의 속삭임, 잎사귀에 이슬 맺히는 소리, 거기다 풀벌레가 이슬로 목을 축이는 소리까지 한데 어울려 한여름밤의 꿈이 풍성한 화음의 페스티벌로 이어진다. 장마가 끝나고 열대야로 잠 못 이루는 한여름 밤에 듣는 풀벌레 노래는 오늘을 살아가는 우리의 감성을 깊게 한다.

깊어가는 여름 밤 별을 헤는 마음에 유난히 밝은 별빛 하나 쏟아져 내린다. 가을밤에는 온몸을 영롱한 별빛으로 물들이기 좋다. 밤하늘을 자르고 떨어지는 별똥별이 우주의 신비를 속삭이며 대지의 품에 안기고 '별 하나 나 하나 별 둘 나 둘 하고 별 헤는 밤'이 깊을수록 밤하늘은 사랑으로 충만하다. 하늘과 바람과 별과 시를 노래한 윤동주의 〈서시〉를 읊으며 눈을 감는다. 건너편 들녘 무논에서 들려오는 구성진 개구리 울음과 마을 어귀를 지키고 선 미루나무에서 울어대는 매미 소리에 섞인 풀벌레 소리와 함께 명지, 녹산, 대저, 가락, 강화도, 삽시도, 양구, 봉화, 영덕, 순천, 통영과 매물도, 양산, 경주, 호미곶…. 특히 기장, 죽성, 철마, 진하, 간절곶 앞바다를 끼고 달리는 31번 국도의 정경이 디졸브된다. 여름밤은 모든 것을 숨긴 채 우리에게 보물찾기를 하잔다. 세익스피어의 〈한여름 밤의 꿈〉에 매료된 젊은 멘델스존이 〈한여름 밤의 꿈 서곡〉을 작곡함으로써 그의 꿈을 실현했듯이 숲에 몸을 숨긴 풀벌레들도 이 밤 부지런히 가을꿈을 좇는다. 별빛 흐르는 밤 숲에서는 풀벌레가 그리움을 노래하기에 좋은 계절이듯 별이 빛나는 밤하늘을 향한 밤 기도가 날개를 단다.

만디버스 오가는 길

몇 해 전, 아내의 지공을 맞은 날 조촐한 축하 자리를 가졌다. 사위가 운전하는 자동차가 부산진역 앞에서 좁고 꼬불꼬불한 수정동 산복도로를 따라 올라갔다. 부산동여중 뒤편, 옛날 같으면 피난민들의 판자촌이 줄지어 늘어섰던 곳에 지금은 낡은 서민아파트가 들어선 달동네를 관통하는 산복도로가 나 있다. 길가에 차를 세우면 마을버스가 지나가기 힘든 좁은 길이다. 길은 좁고 집은 낡아도 차창으로 내다보이는 6월의 부산항은 그지없이 푸르고 아름다웠다. '산만디'는 경상도 사투리로 산꼭대기, 산마루, 산언덕으로 두루 쓰이는 말이다. 통영의 동피랑에 오르면 남망산 너머 물 맑은 다도해를 내려다볼 수 있듯이 부산의 산만디에서는 북항이 한눈에 내려다보이고 오륙도와 영도 너머 대한해협이 망망하다.

노란색 2층집 앞에 차를 세웠다. '산만디(Sanmandii)'라는 옥호에 원색을 칠한 남미풍 레스토랑이다. 옛 초등학교 친구의 이름표를 보는 것 같았다. 첫인상은 달동네의 낯선 공간일 뿐이다. 옛 교회 건물을 고쳐 1층은 수제 아이스크림 가게와 한때 선거사무실로 썼던 공간이고, 2층 40여 평에 정통 이탈리아식 가정요리를 맛볼 수 있는 이탈리안 레스토랑, '산만디'가 자리 잡았다. 3층 옥상은 오픈테라스로 테이블을 두어 위로는 별밤과 아래로는 밤바다와 이야기를 나눌 수 있는 열린 공간이다. 오너셰프인 정해리 씨는 젊은 날 밀라노에서 성악을 공부한 성악가다. 후덕한 몸매에 상냥한 서울 말씨의 정 셰프는 열린 주방에서 요리를 하고 손님이 많으면 서빙도 서슴치 않는 또순이 '줌마'다. 한쪽에 주방, 그 반대편 끝에 피아노와 기타를 두고 뻥 뚫린 통공간이다.

창문이 널찍하게 달려 부산항의 끝과 끝이 잘리지 않고 온전히 내려다보인다. 노란색 페인팅에 소품과 테이블 배치가 마치 오페라 공연을 앞둔 무대 같다. 우리 가족은 창가의 널따란 창문 밑 테이블에 앉았다. 어둠이 깃들기 시작하는 해거름, 부두에는 막 등불이 하나둘 켜지는 초저녁 부산항이 아름다웠다. 바다 건너 승두말 끄트머리 오륙도로부터 영도를 품은 부산 앞바다는 한 폭 그림 같다. 산만디의 안내 명함에 새겨진 캐치프레이즈에는 "부산항, 제대로 맛보자."라고 썼다. 그 말이 명중하는 곳이 바로 여기다 싶었다. 첫걸음이지만 모든 게

낯설지 않았다. 먼 길 떠났다 오랜만에 가족의 품에 안긴 푸근함이 이런 것일까? 우리는 한우스테이크와 로제스파게티, 피자를 시켜 먹으면서 맛 나는 소스를 음미하며 여유롭고 행복한 분위기를 만끽했다.

식사가 끝날 무렵 종업원에게 케이크를 잘라 먹겠다고 양해를 구하자 갓 내린 원두커피와 앞 접시를 갖다 주었다. 우리는 케이크 한 조각을 나누며 감사의 마음을 전했다. 작은 케이크에 하나의 촛불을 밝히고 옆 테이블에 소리가 넘어가지 않도록 조용을 떨었는데도 눈치를 챈 오너셰프가 피아노 옆 자리에 앉은 지인들과 의논을 하더니 반주자가 피아노에 앉고 남녀 여섯 분이 혼성4부 합창으로 생일축하 노래를 부르기 시작했다. 순간 큼직한 체구에서 울려나오는 우렁찬 음성이 홀 안을 가득 메웠다. 정 셰프는 종종걸음으로 우리 테이블로 다가와 생일을 맞은 아내의 이름까지 묻고는 소개하는 세심함을 보였다. 그리고는 모차르트 오페라 〈피가로의 결혼〉에 나오는 경쾌한 아리아를 불러 즉석에서 멋진 하우스콘서트를 열었다.

열창을 한 분들은 부산에서 오페라 공연을 마치고 뒤풀이 차 방문한 연세 음대 강무림 교수 일행과 밀라노에서 음악공부를 같이했던 지인들이었다. 지난해 7월 문을 연 산만디에서는 그 다음 달부터 매월 마지막 금요일 저녁이면 40명의 테이블에 예약을 받아 빠뜨리지 않고 '디너 오페라 아리아의 밤'을 열고 있다. 서울 출신 성악가 정해리 씨가 산만디에서 셰프로 변신

한 것은 부산 출신 남편 L씨를 만났기 때문이다. L씨는 지난날 모 방송사의 경제부장과 청와대 홍보수석을 거쳐 부산 중동구에서 몇 차례의 국회의원에 입후보했다가 고배를 마신 고달픈 정치지망생이다. 그는 지금도 고향을 떠나지 않고 산복도로 문화 활성화를 기치로 협동조합 '산만디 사람들' 이사장을 맡아 산동네 지역주민들의 생활 개선을 위해 부지런히 뛰어 다니며 만디버스를 구상 중이다.

부부는 '착한' 가격으로 이탈리아의 정통 가정요리 맛을 선보이며, 지역의 생활문화공간 지킴이로서 뚜벅뚜벅 걸어가고 있다. 아내의 생일 덕분에 우리 가족은 부산에서 가장 부산다운 곳, 산만디에서 생일 축하 파티를 가질 수 있었다. 나아가서 밀라노에서 성악공부를 하는 동안 하숙집 할머니로부터 전수받은 이탈리아 정통 가정식 요리를 맛볼 수 있었다. 더구나 남편 L씨를 도와 산복도로 문화 활성화에 힘을 보태는 아름다운 내조의 현장을 함께 볼 수 있는 행운을 가졌다. 이 모든 것은 만남의 행운이었다. 훗날 산만디가 우리 모두에게 꿈을 이루어 나가는 베이스캠프가 되길 소망했다.

불배, 어둠을 밝히다

어두운 밤바다에 집어등集魚燈이 눈부시다. 불배는 바다 너머 몸을 숨긴 채 숨바꼭질하듯 한 줄 수평선을 들락거린다. 수평선은 일직선으로 보이나 그것은 관념이고 상상일 뿐 실제로 다가가면 휘었다. 현미경으로 머리카락을 보는 것처럼 수평선은 매끈하지 않고 바람이 부는 흐름에 따라 울퉁불퉁하고 거칠다. 달맞이고개가 끝나는 산마루, 동해의 아침을 가장 먼저 맞이한다는 해마루 정자亭子에서 내려다보는 수평선은 더 멀리까지 우리를 데리고 나간다. 해마루는 김승옥의 단편 〈무진기행〉에서 표현했듯이 "수평선이 보이는 진짜 바다다운 바다가 나오는 곳"이다. 오른쪽으로 미포와 달맞이언덕, 그 너머 이기대와 오륙도, 태종대, 왼쪽으로는 대변항과 멀리 고리, 앞으로는 망망대해가 한 폭 그림같이 출렁인다.

운이 좋은 날이면 대마도가 손에 잡힐 듯 선명하다. '해파랑길' 초입인 송정의 밤경치 중에 불배 늘어선 수평선이 일품이다. 송정 밤바다에서 오징어잡이를 하는 불배는 줄잡아 스무 척이 넘을 것 같다. 수평선을 넘나드는 불배를 지켜보면 마치 오선지 위에 수놓은 음표나 건반악기의 아르코의 생동하는 움직임을 보는 것 같다. 파도의 장단에 맞춰 춤추는 수평선은 언제 보아도 그 너머에 바다의 비밀이 살고 있을 것 같다. 이 어두운 밤바다의 호기심을 맛보았는가? 밤바다는 항상 잠든 그리움을 충동질한다. 귀 기울이면 어디선가 밤바다를 깨우는 해녀의 긴 숨비소리가 들린다. 아득한 곳에서 하늘과 바다가 포옹하는 수평선을 보고 있으면 찌든 일상이 가벼워진다. '해파랑길'은 장산이 활화산일 때 용암이 바다 밑으로 흘러 넘쳐 만들었다는 용호동 승두말이 낳은 다섯 섬, 오륙도로부터 시작한다.

그 길은 동해안의 아름다운 해변길과 숲길, 그리고 유서 깊은 갯마을을 따라 강원도 고성 통일전망대에 이르는 먼 길이다. '해파랑길'은 동해의 상징인 떠오르는 태양과 바다 색깔 파랑색과 '함께'라는 조사의 '랑'자를 합쳐서 만든 "떠오르는 해와 푸른 바다를 바라보며 바다 소리를 벗삼아 함께 걷는 길"이라는 뜻이란다. 동해와 남해의 분기점인 부산 오륙도로부터 송정에 이르는 '동해아침길', 경주 봉길해수욕장으로부터 포항 양포항에 이르는 '화랑순례길', 영덕 강구항에서 고래

볼해수욕장에 이르는 '푸른 바다(영덕 블루로드)', 강릉항에서 양양 광진리 해수욕장까지 '석호길', 고성 성지호로부터 화진포 해수욕장까지의 '통일염원길' 등으로 나누어져 있다. '동해아침길'은 오륙도에서 갈맷길 따라 그 초입의 아름다운 숲길 이기대를 거친다.

이어 옛 어방이 있던 수영강 하구의 광안리와 해운대 해수욕장을 지나 굽이굽이 아름다운 포구를 품은 등대가 있는 그림 같은 갯마을 미포와 청사포, 구덕포를 거쳐 송정에 이른다. 1960년대까지는 해송이 늘어선 고즈넉한 해변이었다. 송정의 옛 이름은 가을포. 가을포가 송정으로 지명이 바뀐 것은 구한말 과거에 급제해 왕명을 출납하는 좌부승지左部承旨에 오른 노경영이 자신의 고향이 한갓 갈대 우거진 포구가 아니라 노송老松 우거진 선비의 고장이라고 미화하고 싶어서였다고 한다. 예나 이제나 권력을 쥐면 고향의 이름도 바꾸며 마음대로 하고 싶었던 모양이다. 바람과 물이 유난히 맑은 송정바다의 동쪽 끝에 작은 솔밭, 죽도공원이 있다. 공원 정자 '송일정'에서 바라보는 수평선은 폭이 하도 넓어 차라리 막막하다. 수평선의 양 끝이 한눈에 들어오지 않아 망망대해茫茫大海라는 말이 절로 나온다.

저 멀리 밤바다 수평선에는 고기 떼를 부르는 집어등을 단 불배가 먼동 트듯 서성인다. 송정 앞바다에서 어둠을 밝히는 불배의 춤은 소리 없는 무용극이다. 오징어 채낚기 뱃전에서 밤바다를 읽는 어부의 눈길은 빛난다. 성어기成魚期면 갯마을 아낙들도 수평선에서 눈을 떼지 못한다. 먼동이 트는 여명에 어김없이 바뀌는 마파람을 따라 어부가 귀항 채비를 서두르는 동안 뭍의 아내들은 바다를 바라다만 보아도 가슴 벅차다. 만선의 기대에 어부가 들뜨는 만큼 아내는 기다림에 가슴 부풀어 오르는 것이다. 어부는 수평선에서 하늘과 바다가 맞닿아 일으킨 해무 속에서 뜨거운 사랑을 속삭인다. 수평선에서 보는 해돋이와 해넘이는 시작과 끝의 아름다움을 간직하고 그리움과 기다림으로 하루를 맞고 보낸다. 집어등 불빛 따라 맨 먼저 플랑크톤이 모여들고 그 플랑크톤을 보고 달려드는 크고 작은 고기들이 하나의 먹이사슬을 이루면서 어군魚群을 형성하는 것이다.

주광성走光性인 오징어나 고등어를 잡을 때는 불배 전체에 등을 밝히지만 멸치배는 배의 머리 부분에 집어등을 달고 멸치 떼를 끌어 모은 뒤 그물을 던지는 권현망어법으로 고기를 뜬다. 별빛 초롱초롱한 그믐밤이면 집어등은 물 맑은 봄 바다를 대낮같이 밝히고 오징어와 멸치 · 고등어 떼를 뱃전까지 불러 모은다. 푸른 바다는 정녕 생명의 원천이고 원대한 자연의 고향이다. 휘영청 밝은 달밤이면 달빛에 피는 윤슬을 길게 끌고 다니는 불배의 모습이 화려하다. 밤이면 불배는 까마득한 수평선에서 어둠을 밝히는 한 점 촛불을 켜들고 바람 따라 홀로 춤춘다. 불배는 오직 빛으로 말한다. 등댓불이 잠들지 않는 깊은 밤 수평선 위로 띄워 올린 달과 별은 어신을 기다리는 마음으로 두근거린다. 하늘과 바다는 바람, 파도, 구름, 햇살로 이루어진 하나의 공간에서 수평과 수직을 엮고 직선과 곡선이 일러주는 무등無等의 이치를 깨닫게 한다.

불배가 어둠을 밝힌 밤바다에는 해와 달, 배와 새, 바람과 파도, 어부와 아내가 차례로 등장하는 공간이 된다. 하늘은 물속으로 침몰하고 바다는 하늘 우러러 부푼 비상을 꿈꾸며 몸부림친다. 새 날이 밝아 별이 사라져도 별은 바다 그리워 눈감지 않는 하얀 반달과 더불어 온몸으로 사무친다. 수평선은 가까워질수록 파도가 거칠어진다. 그렇다. 수평선으로부터 쉼 없이 밀려오는 파도가 태고의 숨소리와 원시의 모습으로 세상을 향해 긴 아우성을 친다. 수평선은 신기루처럼 나타나서 그 윤곽이 손에 잡힐 듯 선명하다가도 순간 변덕이 일어 시야에서 사라진다. 오늘도 불배는 밤바다의 어둠을 밝힌다. 멀리서 들리기 시작하는 고깃배의 뱃고동이 오늘의 삶을 이야기한다.

나의 투석 일상
주사注射가 아프다
까마귀와 대화를 나누다
바게트를 썰며
기도하는 돌
풍화리 쪽빛 바다
금빛산에 오르다
고추 먹고 맴맴
소금꽃
미루나무 꼭대기에

나의 투석 일상

누구나 네 가지의 고통, 즉 인생은 태어나서 늙고 병들어 죽는 생로병사生老病死의 길을 겪는다. 말기에 접어든 만성신부전증 환자에게 투석치료는 유일한 연명延命의 방법이다. 나는 지난 2014년 6월 24일부터 혈액투석치료를 시작했다. 투석 이후 쓰기 시작한 병상메모 'I ♥ Kidney'에는 오늘까지 251차 투석을 받은 것으로 기록되었다. 내 병은 타고난 체질과 그동안 나쁜 식습관으로 당뇨병과 고혈압을 불러왔다. 투석은 콩팥의 기능이 망가진 만성신부전증 환자들이 이식수술의 기회를 놓치고 투석기에 매달려 혈액 속의 노폐물과 수분을 제거하고 전해질의 균형을 유지시켜 주는 마지막 치료법이다. 혈액투석에 앞서 한쪽 팔에 동맥과 정맥을 연결하는 동정맥루動靜脈瘻 수술로 투석에 필요한 혈관을 확보하는 일이 먼저다. 동정맥루를 통해서 작은 페트병만 한 양의 분당 250~300ml 정도의 혈액을 흐르게 하기 위해서다.

인공투석기는 1942년 2차 대전 중 독일의 Willem Kolff에 의해 착안된 뒤 개선을 거듭하여 1967년부터 미국에서 대량생산이 이루어졌다. 투석치료는 혈액을 체외로 뽑아서 투석막으로 걸러 정화된 혈액을 다시 체내로 넣어주는 치료법이다. 투석치료를 위해서는 접근 통로가 필요하다. 그 통로를 동정맥루라 부른다. 혈관이 투석하기에 가늘어서 여의치 못하면 인공혈관을 넣는 수술을 하게 된다. 투석 때마다 노폐물과 건체중(Dry Weight)을 넘어서는 만큼의 수분을 제거하고 전해질의 균형을 유지시킨다. 투석용 바늘은 통상 15게이지(1.829mm)로 굵다. 주삿바늘이 굵은 이유는 혈액 속의 적혈구와 같은 혈액세포들이 터지거나 변형되는 것을 막기 위해서란다. 투석기는 인간 신장 역할을 대신하고 혈관은 몸과 투석기(dialyzer)를 연결하는 생명선이다.

적절한 혈액투석이 이루어지면 환자가 자각하던 여러 가지 요독증상(오심, 부종, 가려움, 구토, 전신 쇠약감, 검은 피부 등)이 완화된다. 혈액투석치료는 주 3회 12시간 동안 계속된다. 배정된 침대에 누워서 이틀에 4시간씩 투석치료를 받는다. 그러니까 일주일의 7일 중 사흘은 병원을 오가고 나흘은 집에서 정상적인 일상을 유지하게 된다. 일주일을 화, 목, 토요일은 병원의 닫힌 공간 투석실에서, 일, 월, 수, 금요일은 내 서재가 있는 열린 공간에서 지낸다. 두 공간에서 보이는 듯 보이지 않는 저 너머의 공간을 지배하는 별난 일상이다. 혈액투석을 받는 날은 새벽 6시에 일어나서 7시 전까지 투석실에 가야하고 4시간 동안 투석치료를 받는다. 투석이 끝나면 지혈하는 데 30여 분이 걸린다. 집으로 돌아와서는 한두 시간 몸을 추스린다.

가능하면 가족 중 한 사람이 간병을 전담할 수 있으면 좋다. 하루의 일상은 6시간 이상 숙면하고 해 질 녘에 한 시간 정도 걷고 스트레칭과 맨손체조를 병행한다. 오후에 피곤하면 30분 내지 한 시간 정도 낮잠을 잔다. 식사는 잡곡과 견과류를 피하고 나트륨 함량이 높은 짠 젓갈류와 장류를 먹지 않는다. 그리고 칼륨(포타슘) 함량이 높은 과일, 야채를 적당량 먹고 야채는 2시간 이상 물에 담근 뒤에 먹는다. 인 성분이 많은 유제품과 곰탕, 잡곡, 현미, 산채, 콜라 등은 제한하고 콜레스트롤과 포화지방산 섭취를 줄여야 한다. 그러면서도 양질의 단백질을 적당량 먹어야 한다. 투석환자의 식사는 이를 충분히 고려하여 집에서 차려주는 밥상이 최상이다. 부득이 외식을 해야 할 때는 간이 진한 반찬과 조리를 피해 메뉴를 골라야 한다.

2016년 4월말 현재 우리나라에서 혈액투석치료를 받는 환자 수는 6만9천837명에 달한다. 투석치료가 삶의 질을 떨어뜨린다. 더욱 절망적인 것은 신장이 한번 손상되면 회복이 되지 않는다는 사실이다. 투석생활이 조금씩 익숙해지면 더불어 삶도 안정되어 간다. 투석치료에 길들여지면서 서서히 그 효과가 나타나는 것이다. 일주일에 한두 편의 에세이를 쓰고 하루 100여 페이지의 책을 읽으며 매주 서점에도 들른다. 서점에서는 여유를 가지고 신간을 살펴본다. 관심 있는 책은 서문과 목차를 읽고 메모하며 양이 많을 때는 휴대폰으로 촬영을 해둔다. 그리고 지역주민을 위한 인문학 강좌에 재능을 기부하며 음악회와 영화감상의 기회를 갖는다. 무엇보다 주일미사를 지킬 수 있어서 다행이다. 지난해에 이어 올여름에도 에세이집도 내고 옛 다이버들과는 격월로 통영에서 만나 옛 정을 나눈다.

창 너머 황령산과 광안리 앞바다를 바라보며 바흐와 쇼팽의 선율을 즐긴다. 그리고 퍼스에 사는 손녀, 리아와는 화상채팅으로 그리움을 나눈다. 2015년 12월 이른바 '웰다잉법' 또는 '존엄사법'이라 불리는 '호스피스 · 완화의료 및 연명의료 결정에 관한 법'이 제정되었다. 우리도 환자의 자기결정권에 근거해 무의미한 연명치료를 중단할 수 있는 길이 열린 것이다. 이 법안에서는 연명치료 중단 대상 환자를 '회생 가능성이 없고 원인 치료에 반응하지 않는 임종기 환자'로 규정하고 있다. 웰다잉법은 후내년, 2018년부터 발효된다. 웰다잉법에서 규정한 연명치료는 심폐소생술, 인공호흡기, 혈액투석, 항암제 거부 등이다. 인간의 존엄성을 유지한 채 자연스럽게 죽음을 준비할 수 있는 길을 터놓은 것이다. 일주일에 세 번씩 투석기로 연결하는 혈관 두 곳에 15게이지의 굵은 바늘을 사용한다. 처음 투석용 바늘이 혈관을 찌를 때는 무척 아팠다.

부모의 손에 끌려 병원에 들어설 때 흰 벽과 크레졸 냄새, 흰색 가운을 입고 청진기와 주사기를 든 의료진에 놀란 아이에게 "하나도 안 아프다."는 말이 금방 탄로나는 거짓말이 되고 겁에 질려 울음보를 터뜨린다. 그러나 투석환자는 그 모든 걸 다 참고 견뎌야 한다. 처음에는 부분마취를 했으나 이젠 잘 참는다. 많이 길들여지고 익숙해진 것이다. 동정맥루 수술을 한 오른팔의 혈관은 니들링과 지혈의 반복으로 고통뿐인 시련의 상처만 남았다. 그러나 나는 흔히 혈액투석을 줄여서 '혈투'라는 살벌한 말을 쓰지 않고 '즐투', '행투'라고 한다. 나는 스스로 '즐거운 투석', '행복한 투석'으로 자기최면을 건다. 혈액투석치료는 나에게 있어서 생명을 연장시켜 주는 고난과 역경의 가시밭길이지만 그 길에서 바치는 기도가 생명의 응답으로 메아리친다. 삶의 의지로 불타는 2016년의 찬란한 여름이여!

주사注射가 아프다

생살을 뚫고 들어오는 주삿바늘은 아프다. 옛날 같으면 투정을 부리거나 칭얼거리는 아이에게 "주사 한 대 맞아야겠다."는 으름장에도 울음을 뚝 그치곤 했었다. 아이들에게 주사는 그만큼 두려운 대상이었다. 아이는 주사 때문에 난생처음 철석같이 믿었던 엄마를 불신하는 계기가 되기도 한다. 엄마는 아픈 아이를 등에 업은 채 병원 주사실로 들어서면서 한사코 "하나도 안 아프데이. 한분만 맞아 바라. 절대 안 아프다카이." 라고 말한다. 그러나 주사는 어김없이 아팠다. 하늘처럼 믿었던 엄마의 말이 금새 거짓말로 탄로난 것이다. 그 과정이 주사에 놀란 아이가 세상의 불신을 맛보는 첫 순간이기도 했다. 어른도 주사통증 때문에 병원에 가기 싫어하는 사람이 있다. 어린 마음에 주사가 아프지 않다고 무심코 한 거짓말이 마음의 상처로 남는다. 우리나라에 링거와 주사치료가 본격 등장한 시기는 6 · 25 이후다.

1853년 프랑스 외과의사 프라바즈에 의해 오늘날과 같은 주사기가 고안된 지 100여 년 만의 일이다. 당시 마법의 주사기는 의료계에 혁명을 일으켜 놓았다. 주사기는 약을 넣는 대롱에 눈금이 있는 몸통과 혈관이나 살을 뚫고 들어가는 바늘로 나누어진다. 옛날 선친께서는 진료가 끝나면 스테인리스냄비로 주사기를 끓였다. 그 일을 꼭 두 번씩 반복하셨다. 나는 "아버지! 왜 끓인 주사기를 또 끓이세요?" 하고 물었다. "왜냐하면 주사기로 약을 몸속에 넣기 때문에 소독을 철저해야 해. 한번 끓이면 병균이나 박테리아가 다 죽을 것 같지만 세포막이 터져 밖으로 나올 뿐이지, 두 번 끓여야 완전히 죽는 거야." 하시던 말씀이 생각난다. 그만큼 아버지는 소독에 철저한 분이셨다. 방학 때 아버지 곁에서 이런저런 이야기를 들으면서 진찰실 정리를 돕거나 군용랜턴을 들고 풀벌레 우는 어두운 시골 밤길에 왕진을 따라다니던 추억이 낡은 활동사진 필름처럼 돌아간다. 때로는 그 때가 그리워 눈시울이 뜨겁다.

주사기는 끓는 물에 끓여낸 뒤 다시 쓰기도 하지만 지금은 감염을 막기 위한 1회용 플라스틱 주사기가 나오거나 아예 약까지 들어있는 1회용을 쓰는 세상이 되었다. 채혈용採血用과 투석용透析用 주삿바늘은 굵고 오랜 시간 고정하는 나비침 세트로 나온다. 채혈용이나 투석용 주삿바늘은 보통15G(1.829mm)

정도의 굵은 바늘을 사용한다. 그 이유는 피 속의 적혈구와 같은 혈액세포들이 터지거나 변형되는 것을 막기 위해서란다. 바늘의 굵기는 산업혁명이 일어난 영국에서 정밀기계에 적용하는 국제규격으로 채택한 게이지(Gauge)로 표시한다. 일반적으로 주삿바늘의 굵기는 바깥지름을 기준으로 7G(4.572mm)에서 34G(0.184mm)로 구분한다. 게이지 수치가 높을수록 가늘고 낮을수록 굵다. 신생아는 태어나면서부터 주사에 노출된 채 고통을 겪는다. 기본접종과 선택접종을 합해 12차례의 예방접종을 하게 된다.

어린이전문병원에서는 주사를 함부로 놓지 않는다. 그만큼 주사의 고통이 어린이에게 주는 충격이 크다는 것이다. 만성신부전증으로 신장기능이 떨어져 혈액투석을 시작하면 살아있는 동안 일주일에 2~4회씩 인공신장실을 다니며 계속 치료를 받아야 한다. 동맥과 정맥 두 곳의 혈관에 15~16G의 굵은 바늘을 몸에 꽂은 채 4시간 이상을 견뎌야 한다. 그렇게 해서 몸속의 피를 신장 대신 투석기의 필터로 걸러낸다. 투석기가 곧 환자의 신장이고 혈관은 투석기를 연결하는 생명선이다. 대한신장학회에 따르면 우리나라 성인 7명 중 한 명이 만성신부전증 환자라고 한다. 많기도 하다. 심지어 20여 년 넘게 투석을 하는 사람도 간혹 볼 수 있다. 지난해 3월 주치의가 나의 신장기능이 15% 정도밖에 남지 않았다는 검사결과를 알려주었다. 온 집안에 비상이 걸리고 그때부터 하루 세 번 배우자가 지어주는 무염식을 먹었다.

신장에는 무엇보다 싱겁게 먹는 식습관이 중요하다. 신장은 몸속의 노폐물을 걸러내고 혈압과 수분을 조절하며 염분 비율을 유지시키고 조혈호르몬을 분비하여 뼈를 튼튼히 하는 등 이른바 생명유지기관이다. 우리는 누구나 주먹 크기만 한두 개의 신장(콩팥)을 가지고 있다. 신장은 우리가 먹는 것을 분해하는 과정과 신진대사에서 생긴 노폐물을 걸러낸다. 신장이 망가지면 노폐물을 몸 밖으로 내보내지 못한다. 신장은 망가질 때까지 자각증세가 없고 한번 망가지면 회복이 되지 않는 침묵의 장기다. 생각해보면 그동안 신장으로부터 여러 차례 시그널을 보내왔다. 그 시그날을 알아채지 못했을 뿐이다. 만성신부전증 환자에게는 정수기의 필터를 교체하듯 대체요법으로 신장이식, 혈액투석과 복막투석을 하는 3가지 중 한 가지 방법을 택해야 한다. 전문의들은 쉽게 '최선의 선택이 신장이식'이라고 권한다.

그러나 나는 이식의 문제점을 곰곰이 생각했다. 그리고는 거침없이 70여 년에 걸쳐 검증된 혈액투석의 길을 택했다. 혈액투석을 위해서는 먼저 내 몸에 분당 250~300ml의 피가 흐를 수 있는 통로를 확보하는 일이 우선이었다. 그것은 곧 혈관수술을 통해서 가능하다. 피의 흐름이 강력한 동맥을 정맥에 이어주는 동정맥루 수술이다. 수술로 몸 안의 피를 원활하게 돌리기 위해서는 혈류량이 많고 흐름의 속도를 유지시켜야 하는 것이 필요한 일이다. 그 혈관을 통해 몸 안의 피를 몸 밖으로 빼내 인공투석기를 거치게 함으로써 일정한 시간 동안 노폐물을 걸러내는 것이다. 만성신부전증환자에게 있어서 동정맥루는 태아의 탯줄, 다이버들의 호흡줄과 같은 생명줄이다. 나는 2014년 5월에 혈관수술을 받은 이후 혈관관리를 통해 투석준비를 해왔다. 만성신부전증이라는 판정을 받은 날로부터 'I♥ Kidney'라는 투병일기를 쓰기 시작했다.

이제 나에게 투석은 새로운 일상이고 미션이다. 그리고 내가 쓰는 투병일기는 훗날 만성신부전증을 앓는 환우를 위한 나의 체험적 안내서가 될 것이다. 4시간의 투석시간은 길고 지루하다. 그러나 편안히 누워서 연주시간이 긴 고전음악을 마음껏 들으며 책을 읽을 수 있는 나만의 공간이기도 하다. 하늘이 내린 은총이다. 투석이 인생의 끝이 아니라 새로운 삶의 시작이다. 혈액투석을 시작하기 전 이미 몇 권의 관련 서적을 읽었다. 내가 투석치료를 받기 위해 준비하는 과정에서 겪은 어려움을 다른 환우들이 다시 겪지 않도록 환자 중심의 안내서를 쓸 생각이다. 투석 2주를 마치면서 〈환자가 의사다–어느 만성콩팥병 환자의 체험기〉라는 제목으로 5장 16절의 목차를 정했다. 투석현장에 젊은이들이 많은 현실에 놀랐다. 그리고 나도 니들링공포증이 있다는 사실을 이번에 알았다. 평소 나는 겁이 많아 발치를 할 때 누군가가 옆에서 손을 잡아줘야 했다.

영락없는 철부지 막내다. 바늘이 무서운 게 아니라 바늘이 살갗과 혈관을 찌르고 들어오는 느낌이 섬찍지근하다. 그 느낌이 주삿바늘에 대한 두려움이고 공포다. 나는 투석 때마다 팔을 내주고 눈을 감는다. 이어 예수의 수난과 고통을 떠올린다. 고통을 통해서 예수를 보다 리얼하게 체험하는 것이다. 그 믿음과 사랑의 인식이 투병일상을 버틸 수 있는 힘이다. 그리고 투병을 통해 내 몸 어느 한 부분이라도 중요하지 않은 곳이 없다는 것을 새삼 깨닫는다. 히포크라테스는 "병은 축복이다."라고 말하지 않았던가? 3주째 투석에 들어가면서 투석의 횟수가 주 3회에서 2회로 줄었다. 다행이었다. 반갑고 고마웠다. 무엇보다 오른팔의 고통을 줄이고 쉬게 할 수 있는 여유가 생겼다. 내가 다니는 병원은 인력, 장비, 시설이 좋은 편이다. 2008년 독일 프레제니우스 메디칼로부터 도입한 40대의 투석기에 3명의 전문의와 19명의 전문간호사가 투석환자를 돌본다. 투석실은 기쁨과 평화가 넘치는 하느님의 집, 생명의 요람이다. 그렇다. 나는 투석을 시작하면서 세상의 헛된 자만과 명예와 허세에 맛들인 스스로를 곰곰이 성찰하는 시간을 가진다. 더불어 투석치료를 받는 동안 더럽혀진 영혼도 말끔히 씻어내려고 한다.

까마귀와 대화를 나누다

새벽 6시가 되면 나는 집을 나선다. 투석치료를 받기 위해서다. 겨울에는 어둡고 건물사이로 찬바람이 휘몰아치지만 여름이면 먼동이 터오는 새아침이 한없이 맑고 밝다. 아파트 단지의 작은 소나무숲 여기저기서 까마귀의 아침인사가 정겹다. 나를 보고 "까아악, 까아악, 잘 잤느냐?"고 안부를 묻고 이어 "까르르, 까르르, 어디를 가느냐?"라고 묻는다. 대답이 없으면 "까악, 까악" 하며 다시 되묻는다. 그때 나는 큰소리로 응답하며 십자 성호를 긋는다. 그렇게 까마귀들과 몇 차례 나름의 대화와 감정을 나눈다. 개인주택에 살면 주위에 씨앗이나 곡류를 뿌려줄 수 있으나 아파트 공동생활에서는 그것도 여의치 못하다. 아침을 알리는 까마귀의 목소리가 크고 우렁차다. 그러나 갑자기 하늘이 어두워져 천둥번개가 치거나 해거름에 가족들을 불러들일 때는 다급한 목소리를 낸다. 한 곳에서 다른 곳으로 전달하는 목소리가 온 동네에 가득하다. 오늘의 날씨와 먹이사냥 정보를 교환하는 까마귀의 목소리는 다양하다. 어떤 때는 나를 부르는 것 같아 몇 번이고 뒤돌아보게 된다.

새벽부터 까마귀 가족들과 소통을 하면 마음이 한결 순수해진다. 러시아어로 '극히 고통스럽다.'는 이름을 가진 막심 고리키의 단편 〈거짓말하는 검은 방울새와 진실의 애호가 딱따구리〉에서 숲 속의 새들 중에서 까마귀를 염세주의자라고 표현했다. 나는 그와는 달리 까마귀야말로 낙천적이고 다정다감한 새라고 여긴다. 아침인사를 나누며 까마귀가 처한 분위기와 말에 충분히 귀 기울인다. 까마귀는 울지 않고 말한다. 사람의 목소리보다 크고 우렁차다. 우리는 흔히 작은 새나 풀벌레가 소리를 내어 말하는 것을 싸잡아 '운다'라고 표현한다. 우는 것은 사람이 기쁘거나 슬프거나 아파서 소리를 내며 눈물을 흘리거나 흐느끼는 소리다. 심지어 문풍지가 바람에 떠는 것도 운다고 하고 그리운 사람이 멀리서 타고 오는 기차의 기적과 만선의 고깃배가 귀항을 알리는 뱃고동을 두고도 운다고 표현한다. 조용한 새벽이나 깊음 밤이면 산사의 예불을 알리는 종도 울고 목어도 세상을 향해 운다. 이런 표현에 비해서 '우짖다'와 '지저귀다'는 소리가 좀 더 크고 거칠다.

지저귀다에 비해 우짖다는 큰 소리로 계속해서 짖는 것에 비해 지저귀다는 작고 조용한 속삭임이다. 사람들은 더운 여름날 매미 울음과 까마귀 울음소리가 시끄럽고 귀찮다고 한다. 나는 무더위 속에서 울어대는 매미 소리와 까마귀 울음이 자연의 소리로 결코 거슬리지 않는다. 공사현장의 기계 소리나 거리의 소음보다는 자연스럽고 정치꾼들의 헛소리보다는 낫다. 까마귀의 어원은 훈민정음의 실용성을 실험한 1445년 발행한 ≪용비어천가≫에서 '가마괴'라고 썼고 그에 앞서 고구려 오회분 4호묘에서 발이 셋 달린 삼족오를 숭상했으나 신라 때에 와서 흉조가 되었다. 당시 북방관계의 갈등이 빚은 감정이었을까? ≪삼국유사≫ 사금갑조에 따르면 "까마귀가 매일매일 날아와 왕을 어딘가로 인도했는데, 인도한 곳으로 가보니 공주와 중이 간통을 하고 있었다."라고 전한다. 까마귀는 가마리, 가막귀라고도 부른다. 까마귀 '烏'자는 온돌방을 본떠 만든 한자라고 한다. 귀 기울이면 참새의 속삭임으로부터 검정색 긴 넥타이를 맨 박새, 머리에 흰 두건을 쓴 딱새, 목소리가 구르는 방울새, 그리고 까치와 까마귀가 아름다운 하모니로 때대로 즉흥 플래시몹(Flash Mob)을 연출한다. 햇살 좋은 날 텃새들의 화음은 아름답기 이를 데 없다.

≪이솝 우화≫에는 300가지의 이야기 중에 까마귀가 8번이나 등장할 만큼 우리에게는 삶의 지혜와 교훈을 전하는 새다. 그리스 신화의 에로스와 로마 신화의 큐피트는 날개를 달았다. 그리스 로마판 패러디는 신의 아기 천사(Angel)의 등에 날개를 단 그림이 전해진다. 아메리카 인디안들은 까마귀를 창세신화

의 주역으로 삼았고 스칸디나비아 삼국의 북유럽에서는 주신으로 삼는다. 그러나 기독교에서 까마귀를 악마의 새라고 여긴다. 고려 말 충신 포은 정몽주의 모친이 지은 시조 〈백로가白鷺歌〉에서 "까마귀 싸우는 골에 백로야 가지 마라."라고 한 말이 요즘 같은 난세에 사람들을 움츠리게 하는 말인지도 모른다. 지난주 칠석을 지내며 밤하늘을 통해 그리운 오작교烏鵲橋의 전설을 상상했다. 견우와 직녀가 만날 수 있게 하려고 까마귀와 까치가 은하수에 모여서 자기들의 몸을 잇대어 다리를 놓았다는 아름다운 사랑의 전설이 가슴을 울린다.

용기와 진실을 보여주는 아메리카 원주민 레니 레나페 부족의 옛 전설에 따르면 원래 까마귀는 '무지개 까마귀'였다. 무지개 까마귀와 함께 멀고 먼 옛날로 날아가 보자. 어느 춥고 어두운 겨울날, 아침부터 눈이 펑펑 쏟아지기 시작하더니 사방이 꽁꽁 얼어붙고 어두워졌다. 모든 동물 가족들은 지치고 굶주려 곧 얼어 죽게 되었다. 이런 상황에서 올빼미가 기발한 아이디어를 내놓았다. "우리 중에서 가장 용감한 친구가 태양을 찾아가서 온기를 달라고 간청해 보자."라는 것이었다. 그러나 눈보라와 폭풍이 휘몰아치고 천둥번개가 하늘을 가르는 악천후 속에 태양의 나라로 들어간다는 것은 너무나 어렵고 험한 모험이라고 선뜻 나서는 새가 없었다. 그러나 모든 새들을 위해 무지개 까마귀가 어둠과 추위를 뚫고 빛을 향해 태양을 향해 날아올랐다. 그리고는 태양으로부터 불타는 막대기를 얻어 깃털에 품고 악천후를 뚫고 돌아왔다. 그 일로 오색찬란하던 깃털이 새까맣게 그을렸고 목소리는 꺽꺽 갈라지고 부리로부터 꼬리까지 옛 모습은 하나도 남지 않았다고 한다. 희생의 제물이 된 '무지개 까마귀'의 의지와 삶에 할 말을 잊는다.

까마귀는 예로부터 효도하는 새로 잘 알려져 있다. 새는 알에서 깨어나도록 어미가 품어주고 깨어나면 먹이를 물어다 먹이고 키운다. 둥지를 벗어날 때쯤이면 나는 연습과 낙하 연습을 시킨다. 까마귀 새끼도 알에서 깨어나면 어미새의 보호와 먹이로 자라는 것이다. 대신 어미가 늙으면 새끼가 먹이를 물어다 주는 것을 반포反哺라고 일컫는다. 까마귀 같은 새도 늙은 어미에게 효도하듯이 세상의 불경함을 우회적으로 꾸짖는 우화이기도 하다. 그래서 까마귀를 반포조反哺鳥라고도 한다. '자식이 자라서 어버이가 길러준 은혜에 보답하는 효성'을 반포지효反哺之孝란 사자성어로 표현했다. 이 점은 오늘날처럼 효 사상이 차츰 희박해져 가는 시대에 살고 있는 우리 모두를 각성하게 만든다. 사람이 만든 신과 종교, 역사와 정치권력, 심지어 멀쩡한 세상에 천당과 지옥을 갈라놓은 뒤 어진 사람들을 죄인으로 만드는 이 어리석고 우스꽝스러운 세상을 까마귀는 다 알고 지켜보고 있는 것이다.

까마귀는 얼마나 영리할까? 호두와 같은 딱딱한 껍질 속의 알맹이를 먹기 위해서 자유낙하 원리를 이용한다. 높은 곳에서 열매를 땅바닥으로 떨어뜨리기도 하고 열매를 길바닥 위에

놓기 위해 신호를 기다리거나 달리는 자동차 바퀴 앞에 호두를 던지기도 한다. 도시에 사는 까마귀들은 둥지를 짓기 위해 아파트 베란다나 옥상의 빨랫줄에 걸린 빨래를 걷어내고 옷걸이만을 가져가기도 한다. 잡식성인 까마귀는 죽은 동물의 사체를 먹어치우는 자연 청소부라 송장새라고 부르기도 한다. 그래서 죽어서 거두어 주는 사람 없이 버려지는 걸 '까마귀밥이 된다.'고도 한다. 텃새가 된 까마귀는 사시사철 어디서나 쉽게 볼 수 있다. 그러나 갈까마귀는 추운 겨울에 내려와 알을 낳아 새끼를 키운다. 2004녀 12월 ≪사이언스≫지에서는 어느 과학자의 관찰과 실험 결과 까마귀의 지능이 침팬지만큼 높다는 연구결과를 보고한 바 있다.

나는 새벽길에서 마을까마귀들의 이야기에 충분히 귀 기울이며 마음의 대화를 나눈다. 요즘같이 무더운 날이나 갑자기 소나기가 내리려고 하늘이 어두워지면 더욱 요란하게 "책책책" 거린다. 가족들을 불러들이고 세상 사람들에게 일기예보를 알리기에 마음이 바쁜 것이다. 그보다 더 절실한 것은 그림과 문학작품, 그리고 전설과 신화, 우화를 통해서 갖는 공감이다. 지난 1980년 부산 출신 민중화가 오윤의 목판화 〈검은 새〉가 바로 창틀에 앉은 까마귀다. 나에게는 짙은 연민과 함께 민주화의 시대감각을 느끼게 하는 작품으로 응시할수록 감정이 북받쳐 오른다. 그런 점에서 이 그림은 외로운 디아스포라 이중섭의 까마귀와 맥이 닿아 있고 오베르 시절 반 고흐가 그린

〈까마귀 나는 밀밭〉과 〈구름낀 하늘 아래 밀짚더미〉, 〈빗속의 오베르 풍경〉의 내면에서 짙은 페이소스(pathos)와 인간적 외로움을 느낀다. 까마귀가 목청을 돋우는 것은 지배자의 독선과 불통에 대한 항변이요, 우리의 어리석은 삶을 꾸짖는 외침이다. 신과 신화, 역사와 권력까지도 마음대로 쥐락펴락하려는 사람들이 자연의 파수꾼, 까마귀를 두고 마음대로 이야기한다.

고대 신화에서는 까마귀가 영조靈鳥로 등장하고 우리나라 고대신화에는 세발 달린 삼족오가 신의 사자로 등장했다. 게르만 신화에서는 까마귀가 주신主神 오딘의 어깨에 앉아 오딘과 인간의 메신저 역할을 한다. 일본에서도 까마귀는 신성한 새로 취급한다. 울산에는 해마다 10월 말경부터 이듬해 3월까지 몽골 북부와 시베리아 등지에서 5만여 마리의 까마귀들이 내려와 태화강 둔치에서 인간과 더불어 겨울을 난다. 울산 태화강의 생태복원을 반겨 찾아오는 것이다. 동북아시아에서 울산이 까마귀 떼 도래지로 학술적 연구와 보호에 앞장설 만하다. 영혼이 깃든 침묵 속에서 까마귀의 말에 귀 기울여 보자.

바게트를 썰며

바게트는 씹을수록 구수하고 담백한 맛이 그만이다. 아내와 함께 아침상을 준비하면서 원두를 장착한 모카포트를 가스레인지에 올리고 바게트를 적당한 두께로 썬다. 바게트는 엊저녁 광안동 태극당에서 사온 것이다. 태극당은 광안리로 이사를 온 뒤 40년째 단골인 빵집이다. 태극당은 아버지에 이어 아들이 2대째 가업을 이은 가족빵집이다. 그만큼 역사가 있고 미더운 곳이다. 태극당에서 바게트를 사려면 주부들이 저녁장을 보러 나오기 전에 서둘러야 한다. 많이 구워서 하룻밤을 넘기지 않고 단골의 수요에 맞춰서 고작 여남은 개를 구워내기 때문에 늦게 가면 허탕을 치기 일쑤다. 빵집 가족들은 바게트를 스스로 건강빵이라고 말한다. 바게트는 프랑스어로 막대기, 지팡이라는 말이다.

흔히 프랑스빵(baquette de pain)이라고 부르는 바게트(bɛquette)는 밀가루, 소금, 물, 이스트만으로 반죽을 한다. 기름기가 없다. 이러한 재료의 제한은 프랑스에서는 식품법으로 엄격히 규정하고 있다고 한다. 그만큼 다른 첨가물을 넣지 않고 구워낸다는 말이다. 만약 이 바게트 기본 재료가 아닌 다른 재료를 추가해서 만든 빵은 바게트라는 이름으로 판매할 수 없다고 한다. 다른 빵은 모르겠으나 태극당 바게트만은 천연발효로 만들어내는 빵으로 어디에 내어놓아도 손색이 없다. 바게트를 굽기 전에 형태를 잡은 반죽에 칼금을 넣고 그 위에 물을 살짝 뿌린다. 칼금을 넣는 것은 반죽이 부풀어 올라 터지거나 찢어지는 것을 막기 위함이고 물을 뿌리는 것은 수분이 증발하면서 겉을 딱딱하게 만들어 주기 때문이란다.

오븐에서 구울 때는 스팀으로 뜨거운 증기를 분사시켜야 바게트 껍질 특유의 바삭하고 적당히 딱딱한 질감을 살릴 수 있다고 한다. 나는 방금 오븐에서 꺼내 온기가 살아 있는 바게트를 좋아한다. 그때 바게트에서 풍기는 특유의 구수한 향기를 느낄 수 있기 때문이다. 그러나 방금 꺼낸 바게트는 굳지 않아서 바로 썰기 힘들다. 썰려면 더운 김이 빠지도록 한두 시간은 지나야 한다. 바게트는 찢거나 뜯어먹기에 좋다. 그러나 바게트를 일정한 두께로 썰 때는 톱니형 날을 가진 브래드 나이프를 써야 부스러기가 생기지 않는다. 껍질이 있는 사과나 토마토를 자를 때도 톱날이 있는 과도를 쓰는 이치와 같다. 나는 아침을 에그프라이, 통으로 얇게 쓴 사과, 물에 담가서 칼륨을 뺀 상치와 양배추, 그리고 깻잎에 토마토캐첩을 바른 바게트 두 쪽을 먹으며 모카포트로 추출한 에스프레소에 뜨거운 우유를 섞은 라떼를 만들어 마신다.

때로는 작은 종지에 올리브 오일을 조금 붓고 그 위에 발사믹 식초 몇 방울을 떨어뜨린 소스는 일출을 연상하는 아침 식탁의 아름다운 한 폭의 추상화가 된다. 나는 그렇게 아침을 열고 하루를 시작한다. 준비과정이 번거로울 것 같아도 익숙해지면 그렇게 간편할 수가 없고 소박한 아침을 즐기기에 안성맞춤이다. 젊은 날 유럽 취재 때나 성지순례 때 프랑스와 이탈리아에서 자주 볼 수 있었던 정겨운 광경 중의 하나는 저녁나절 빵집 풍경이다. 해거름이 되면 동네 빵집 앞에는 바게트를 사러 나온 주부나 아이들이 바구니를 팔에 끼고 줄을 서서 기다린다. 퇴근길의 샐러리맨들도 빵집 앞에 차를 세웠다 간다. 그만큼 바게트는 그곳 사람들의 주식으로 내일을 준비하는 살림살이의 첫걸음이다.

문득 식탁에 앉은 가족들이 바게트를 쪼개고 나누는 정겨운 모습을 상상하며 두고 온 가족이 그리웠던 추억이 새롭다. 나는 믿음직한 태극당 빵집 주인이 자신하는 건강빵을 이삼일에 한 번씩 사다가 썰며 행복한 아침을 연다. 먹는 것마저 부정하게 속이고 거짓말로 장사잇속을 채우려는 세상에 착한 동네 빵집이 있어 얼마나 고맙고 감사한지 모른다. 투석치료를 받기 시작한 뒤로는 건체중(Dry Weight)을 유지하기 위해서라도 아침과 저녁을 가볍게 먹으려고 애쓴다. 칼로리가 낮은 바게트와 계란에 야채를 곁들이거나 흰죽에 무나물을 즐겨 먹는다. 건강한 빵, 바게트를 썰며 아내와 함께 아침식단을 준비할 때면 주방의 창문을 연다. 오늘도 네모난 프레임에는 힘차게 달리는 황령산 능선이 5월의 하늘에 실루엣을 그리며 싱그러운 계절을 펼친다.

기도하는 돌

돌은 그 옛날 만들어졌다. 돌은 바위보다 작고, 모래알보다는 큰 광물질 덩어리다. 돌은 독자적인 생활 능력이 없다. 그러나 돌은 오직 침묵으로 살아가면서 스스로를 버틴다. 돌은 침묵으로 말하고 스스로 움직일 수 없음에도 존재하고 자리를 지킨다. 시인 반칠환은 〈새해 첫 기적〉에서 "황새는 날고 말은 뛰고 거북이는 걷고 달팽이는 기고 굼벵이는 굴렀는데 한날한시 새해 첫 날에 도착했다. 바위는 앉은 채로 도착해 있었다." 라고 썼다. 인간이 나약하여 부서지기 쉽고 유한한 데 비해 돌은 어떤 생명체보다 강하고 영원하다. 인류의 생존을 위해 돌은 사냥과 싸움에 필요한 도구와 무기가 되고 불을 일으키는 부싯돌이 되었다. 돌은 말 많고 시끄러운 인간사에서 침묵하지만 살아 숨 쉬는 순간순간 생각의 침묵으로 언제나 당당하다.

돌은 스스로 변하지 않는다. 그러나 돌은 오늘도 관상기도觀相祈禱에 든다. 돌은 자연으로 돌아가려는 몸짓으로 쉼 없이 쪼개지고 부서진다. 그것은 빙하기로부터 오랜 세월 풍화작용에 의해서 닳고 깎여서 점점 흙이 되는 과정을 밟는다. 인간은 돌무덤을 쌓고 신전을 세웠다. 돌무덤은 기원전 5,000년~2,500년 사이 세계 곳곳에서 나타나기 시작했다. 고대 그리스의 아크로폴리스 언덕에 파르테논 신전을 세우고 이집트의 사막에는 피라미드와 스핑크스를 세웠다. 돌은 말 많은 세상에서 말하지 않는 삶을 다스리며 인류문명의 밑거름이 되었다. 돌은 석기문화를 꽃피우며 무덤, 묘비, 기념비, 제단, 경계의 표지가 되고 큰 돌에 신비한 정령精靈이 깃들었다고 믿는 마음이 신앙의 본향을 이루었다. 돌은 자연환경과 조화롭게 어우러진 풍경으로 더불어 산다.

거석문화(巨石文化, megailthic culture)시대로 돌아가 보자. 거석문화는 선사시대의 대표적 유적으로 돌무덤인 고인돌(dolmen)과 선돌(menhire)이 있다. 선사시대라는 말은 지난 1851년 영국계 캐나다 고고학자 다니엘 윌슨(Daniel Wilson)이 ≪고고학과 스코틀랜드의 선사시대 연대기≫를 쓰면서 처음 사용한 말이다. 문자기록 이전을 선사시대, 문자를 가진 역사시대로 구분해서 쓴 말이다. 석기시대는 인류역사의 출발이다. 선사시대는 석기시대와 청동기시대의 일부를 포함하는데 석기시대는 다시 구석기, 중석기, 신석기시대로 나눈다. 구석기시대에서 신석기시대로 발전하는 과도기인 중기 구석기시대의 개념을 웨스트로프(H. Westropp)가 1866년에 처음 제시했다. 선사시대는 유적과 유물을 나겼고 역사시대는 기록을 남겼다.

우리나라에는 선사시대의 거석문화 유적인 고인돌과 선돌이 어느 나라보다 많다. 거석문화는 사람이 갖지 못한 돌의 단단함과 영원한 생명력을 숭배한 토속신앙의 상징이었다. 고인돌이란 이름은 하나의 커다란 덮개돌을 여러 개의 굄돌이 떠받치고 있는 모습을 하고 있다고 해서 붙여진 이름이다. 고인돌과 서로 관계가 있는 선돌은 기둥 모양으로 세운 큰 돌이다. 고인돌은 북아일랜드 언어인 켈트어로 탁자라는 뜻의 'Dol'과 'Men'이 합쳐져서 Dolmen이라고 썼다. 우리나라와 일본에서는 지석묘支石墓, 북한에서는 '고인돌무덤'이라고 표현하고 중국에서는 석붕石棚이라고 쓴다. 고인돌은 무덤이외에도 제단으로 쓰이면서 국가형성 이전의 자연부락에서 회합이 있을 때나 기우제와 의식 때 쓰였을 것으로 추정된다. 고인돌이 자연부락의 현안이 있을 때와 같은 주민들의 회합장소로 쓰였다면 아테네의 직접민주주의를 앞서는 원류다.

돌은 인간에게 흙으로 돌아가는 길을 알려주었다. 선돌은 정주생활이 시작되면서 농사지을 노동력이 필요했던 농경시대의 다산과 풍요를 기원하는 원시신앙의 대상이었다. 돌이 흙으로 돌아가는 과정에는 비바람에 부대끼면서도 많은 날을 참고 견디었을 것이다. 돌은 결코 말하지 않으면서 우리에게 옛이야기를 들려준다. 그 이야기는 고조선 이전, 반만 년의 역사를 거슬러 올라가는 침묵의 신비와 비밀을 간직한다. 우리의 선조들은 물 좋고 따뜻한 곳을 찾아 한반도로 이동을 계속해 부산의 동삼동까지 내려온 이동 경로를 꾸렸다. 이렇듯 돌은 전쟁과 평화를 통한 인간과의 상관관계, 과거와 현재의 관계설정이라는 응축된 역사의 무게를 간직한다. 죽은 자는 말이 없다. 그러나 귀 기울이면 죽은 자의 무덤에서는 사람의 목소리가 들린다. 삶과 죽음이 주술처럼 흘러나와 역사를 연구하게 했다.

오랜 생명력을 가진 돌이 우리에게 전하는 삶은 자신의 부피나 무게만큼 셀 수 없는 침묵의 세계다. 돌은 말이 없다. 그러나 돌은 역사 이래 죽은 자의 영혼이 안식을 얻고 산 자를 지켰다. 고고학계는 세계에 흩어져 있는 고인돌을 6만 기로 보고 있다. 이 가운데 4만여 기 정도가 한반도의 서남해안을 따라 분포한다. 황해도와 전라도 지역에 밀집한 고인돌은 전라남도 화순을 비롯한 해안지역 250여 곳에 무려 2만 기의 고인돌이 분포하고 있어 우리나라는 세계적으로 '고인돌의 나라'로 이름이 나 있다. 유네스코는 2000년 11월에 강화군과 고창군, 화순군의 고인돌 유적을 '세계 문화유산 977호'로 지정한 바 있다. 수적석천水滴石穿! 끊임없이 떨어지는 낙숫물이 댓돌을 뚫는다는 말이다.

지금도 바람과 파도가 쉼 없이 달려와 해안의 바위에 구멍을 내고 지표를 변화시킨다. 돌은 깨어지고 부서져도 오직 침묵한다. 돌은 아파도 신음하지 않는다. 아~ 세상이 어둡다. 길이 보이지 않는다. 천둥 번개 속에 비바람이 휘몰아친다. 침묵하는 돌이여! 어둠 속에서 갈 길 잃고 방황하는 우리에게 맨 처음 들었던 그 빛을 밝혀다오. 어두운 광야에서 원시의 부싯돌이 되어 다시 불꽃 같은 우리의 삶을 일으켜다오. '침묵하는 돌'이 천지개벽天地開闢의 화두를 던진다. 돌은 이 시끄럽고 어리석은 세상을 향해 말하지 않음으로써 스스로를 다스린다. 기어이 어둠을 밝힐 임이여! 빛이여! 한 가닥 불씨로 세상의 어둠을 걷어내어 주소서. 우리 눈 크게 뜨고, 막힌 귀를 열어 침묵하는 돌의 이야기를 들어 보자. 돌은 역사를 이야기한다.

풍화리 쪽빛 바다

우리가 바다에 뛰어들면서 반도가를 처음 불렀던 해가 1980년이다. 그로부터 35년 만에 미륵도 증자봉 능선이 낮게 드리운 풍화리 양화마을 허브펜션에서 모였다. 모두가 흰머리 날리는 아홉 부부가 전국에서 모인 것이다. 그리고는 ≪반도잠수회지≫ 창간호와 해묵은 사진을 돌려보며 젊은 날 그 아련한 추억을 더듬었다. 우리는 늙어도 기억은 빛났다. 이제는 세상살이로 늙고 병들어 찌든 몸으로 코발트 블루의 하늘빛이 내려앉은 사파이어보다 파란 쪽빛 바다에 사무쳐 침이 마르도록 옛이야기로 열을 올렸다. 밤이 깊어가는 줄 모르고 이야기꽃은 시들지 않았다. 오락가락하는 가을비가 우리의 만남을 더욱 포근하게 감쌌다. 첫날밤은 선적 납기일에 쫓기면서도 서둘러 달려온 시원, 신화 씨가 서호시장에서 마련한 갖가지

해산물로 근사한 바비큐 자리를 준비하고 병원문을 일찍 닫은 호야 형님 부부가 합류했다.

노래자랑에서 하린 형수의 백댄스와 함께 명문 형님이 100점을 받는 기염을 토했다. 겨울을 재촉하는 늦가을 빗줄기를 타고 나름의 삶을 열심히 살아온 만큼 즐거운 시간이 이어졌다. 이튿날은 달아항에서 배를 타고 연대도로 뱃놀이를 나가기로 했다. 지난해 개통한 출렁다리를 건너 물 맑은 만지도 해변을 걷는 트레킹 일정이다. 날이 밝자 비가 그쳤다. 비 갠 풍화리의 아침에 산들바람이 싱그러웠다. 우리는 승선권을 예약한 달아항으로 달렸다. 미륵도 해안을 일주하는 산양일주도로에서 차창으로 보이는 정겨운 갯마을 풍경과 그림 같은 다도해의 절경에 취해 〈가고파〉와 〈돌아오라 소렌토로〉를 연신 흥얼거렸다. 누가 통영을 두고 동양의 나폴리라 했던가? 1962년 발표한 박경리의 장편 《김약국의 딸들》 제1장에서 "통영은 다도해 부근에 있는 조촐한 어항漁港이다. 부산과 여수 사이를 내왕하는 항로의 중간지점으로서 그 고장의 젊은이들은 '조선의 나폴리'라고 한다.

그만큼 바다 빛은 맑고 푸르다."라고 말문을 열었다. 섬나들이호는 우리를 한려수도의 보석 같은 연대도와 만지도로 데려갔다. 연대도는 그 옛날 삼도수군통제부가 왜적의 침략에 대비하여 연대煙臺와 봉수대를 세우면서 붙여진 이름이라고 한다. 33톤급 여객선 섬나들이호의 선미에서 스크류가 바다에 그리는 궤적을 응시하는 동안 젊은 날 다이빙과 여름캠핑을 통해 켜켜이 쌓인 추억의 섬, 연대도에 발을 디뎠다. 그 섬에 우리가 있었다. 섬에 안기는 순간 삶의 색깔은 엷어지고 싱거워졌다. 시인 최진태는 〈연대도, 그 섬에 가고 싶다〉에서 연대도를 "하늘 끝자락까지 맞닿아 내려온 아늑한 그곳"이라고 읊었다. 바다에 뿌려진 별들, 우리나라의 큰 섬 50개 중 4개가 통영에 있다.

풍화리를 품은 통영의 가장 큰 섬 미륵도는 18위, 한산도 43위, 남사량도 44위, 북사량도 50위에 들어있다. 통영에는 150개의 섬이 위성처럼 한려수도의 길목에 뿌려져 있다. 연대도에는 48가구 83명의 주민이 태양열을 이용해서 살고 있다. 탄소배출 제로섬이다. 그래서 에코아일랜드라고 이름 지었다. 선착장에서 연대도 몽돌해변으로 접어들면 어느 집 하나 빼놓지 않고 예쁜 문패를 달았다. 그중에는 "노총각 어부가 혼자 사는 집, 화초를 좋아해서 목부작을 잘 만드는 이상돈 어촌계장이 삽니다. 말이 없어서 답답할 정도지만 사람 좋은 집."이라고 긴 설명이 눈길을 끈다. 한 폭 수채화 같은 연대도 몽돌해변에서는 만년청춘인 명문 형님과 하린 형수가 맨발로 뛰어들고 김밥과 초콜릿을 주고받는 인연도 만들었다.

통영 산양읍에는 연대도, 학림도, 만지도, 송도, 저도 등 모두 5개의 섬이 있다. 그 가운데 연대도 지겟길은 한려해상 바다 백릿길의 제4구간으로 지난해 12월 100m 남짓한 현수교

형식의 출렁다리로 연대도와 만지도를 이어 놓았다. 사람과 사람 사이에 섬이 있었다. 사랑과 믿음을 이어주는 출렁다리가 우리네 마음과 세상에도 걸쳐졌으면 하고 생각했다. 청소차가 운행하지 않는 섬, 만지도에는 방문객이 나름의 셀프청소부가 되어야 한다. 그만큼 물 맑은 해안선 따라 깨끗한 모래해변이 펼쳐진 물속을 헤엄치는 물고기들이 보는 이의 마음을 맑게 해주었다. 만지도 앞 물 맑은 바다목장에는 다양한 수산자원이 청정해역의 꿈을 품고 있었다. 돌아오는 길에 세 아이를 키우는 허상국과 케이코 부부의 안트워프 카페에 들러 잘 뽑은 원두커피를 맛볼 수 있었다. 숙소로 돌아오는 길에 놀란 고라니가 토끼처럼 뛰며 길을 건넜다.

허브펜션에 이웃한 전혁림 화백의 묘소를 찾았다. 전 화백은 우리나라 추상미술의 새로운 지평을 연 한국현대미술가다. 그는 풍화리 계곡에 살면서 겨울이면 낡은 롱코트의 깃을 세우고 중절모를 눌러쓴 채 대양천변을 오르내렸다고 한다. 우리가 묵은 허브펜션의 건너편에 자리 잡은 전 화백의 묘소 앞에 섰을 때 졸수卒壽의 나이에도 "구십, 아직도 젊다."라며 1,000호짜리 대형 화폭에 〈통영항〉을 그리며 열정을 불태웠던 예술혼이 큰 울림으로 전해졌다. 그는 2010년 5월 96세를 일기로 붓을 놓았다. 그는 동시대의 다른 예술인들과는 달리 조용한 삶을 살았다. 고향 동무 윤이상이 돌아왔을 때 몇 차례 TV에 얼굴을 내민 게 전부라고 한다. 작업실 옆 묘소의 낙엽은 바람이 데려가려는 곳으로 말없이 따라나서며 우리의 삶을 돌아보게 했다. 통영의 하늘과 바다를 그토록 사랑한 전 화백은 1916년 통영에서 태어나 한 세기를 관통하는 질곡의 삶 속에서도 유치환, 윤이상 등과 함께 통영문화협회를 결성할 만큼 문화르네상스를 이루려는 열정이 넘치는 청춘을 살았다.

큰형님 두 분이 헤어지기 전날, 박재경 나전칠기 명장이 운영하는 풍화리 '통영애'에서 만찬을 마련했다. 그 자리에서 재출범을 위한 회칙과 조직, 회비가 없는 3무원칙을 제안대로 통과시켰다. 모임의 이름은 통영 탱구를 줄여서 '통탱'이라고 짓고 해명海名도 정리했다. '탱구'는 원래 '쟁이'에서 나온 경상도 사투리로 친한 사이나 집안에서 늙은 남편을 두고 흔히 영감쟁이를 영감탱구라고 격이 없이 만만하게 부르는 말이다. 건배 때도 "통!" 하면 "탱!" 하고 받았다. 사흘날 아침 하늘에서는 이별을 서러워한 듯 가을비가 뿌렸다. 서울 경기지역에 사는 탱구들이 먼저 자동차의 시동을 걸었다. 나머지 두 팀은 혼자 남을 주인을 남겨두고 차마 떠나지 못한 채 충무김밥을 사다 먹고 커피를 마시며 늑장을 부린 뒤 오후 늦게야 귀가를 재촉했다. 새해 2월 동백꽃이 한창일 때 장사도에서 다시 만나기로 하고 석별의 정을 나누었다.

금빛산에 오르다

젊은 날 나는 산길을 뛰어다니다시피 산이 좋아 들락거렸다. 그러다 강화 마니산 등반 때 돌아가는 길이 멀다하고 뛰어내리기를 밥 먹듯 하다 무릎연골을 다쳐 수술을 받았다. 그뒤로는 내리막을 조심조심 걷는다. 체중이 늘고 걷기가 예같이 않아 행렬에서 꽁무니로 처지는 일도 잦다. 나는 궁리 끝에 체중을 줄이고 다리 근육과 체력을 보강하느라고 평소 오르막길 산책과 나름의 재활운동에 열심이다. 그러나 시간과 날씨를 핑계로 빼먹거나 게으름을 피우기 일쑤다. 그럴 때마다 손쉽게 계단을 오르면 어떨까 하고 생각했었다. 그러던 중 어느 비 내리는 날 밤 아파트 계단을 올랐다. 20층을 한 번에 오르기가 쉬운 일은 아니었다. 그렇게 시작한 계단 오르기를 한 달째 계속하고 있다. 계단을 오르면 숨이 차고 입안이 마른다. 13층까지는 단숨에 올라갈 수 있으나 그 다음부터는 자주 쉬어야 하고 층수 표지에 눈길이 자주 갈 만큼 힘에 부친다. 쉬는 간격이 잦아지고 시간 또한 차츰 길어졌다.

계단 오르기에 재미를 붙인 요즘은 또 다른 골칫거리가 생겼다. 어찌된 일인지 계단에 담배연기가 자욱할 때가 잦다. 그럴 때마다 담배연기를 마시지 않으려고 손사래를 쳐보지만 허사다. 그러나 담배를 피우지 않는 사람의 코에 와 닿는 담배냄새와 숨이 찰 때 들이키는 담배연기를 피할 길이 없다. 초여름에 접어들면서 땀 닦는 수건을 목에 걸어야 하는데 한술 더 떠서 방독면까지 착용해야 할지 모른다는 걱정을 하게 된다. 그래서 지난봄부터 산을 좋아하는 몇 사람이 금빛산행에 쉬 뜻을 모았다. 한 달에 한 번 마지막 목요일을 금빛산행일로 잡았다. 우선 반경 4km 내에 사는 고범孤帆 선배와 태유, 석암, 수암, 그리고 나까지 옛 동종업계 기자 선후배 다섯이 모였다. 목요금빛산행은 이른바 금정산의 산신령코스를 따라 마음 편하게 서너 시간을 넉넉히 걸을 수 있다. 그 다음에 반도탕 온천과 점심을 나누고 어둡기 전에 귀가하는 당일 산행이다.

산신령코스란 경북일보의 대표칼럼 '삼촌설三寸舌'을 쓰고 있는 고범 설정수 선배가 첫 산행 때 한 말에서 따왔다. "40년을 금정산을 타봐라! 산신령같이 눈을 감아도 갈 길이 훤히 보이지. 그라믄 마, 내가 가는 길이 산신령코스 아이겠나?"라고 한 말에서 우리는 목요금빛산행을 산신령산행이라고 부르며 즐긴다. 백발에 긴 수염을 기르고 흰옷을 입은 할아버지가 나무 지팡이를 짚고 물안개 헤치며 홀연히 나타나는 모습의 산신령山神靈은 '산을 지키고 다스리는 신'을 일컫는 말이다. 조용헌은 〈나는 산으로 간다〉에서 산신령을 두고 "산에서 일어나는 일을 통괄하는 결재권자요, 책임자요, 독립된 신격神格이다. 그러므로 산에 오르는 사람은 산신령한테 잘못 보이면 재미없다." 라고 썼듯이 산신령은 절대자다. 우리는 흔히 산신령을 산의 영혼으로 산의 신비스럽고 초자연적인 기운을 가진 귀신같은 존재라고 여긴다. 산신령은 꿈결에 나타나거나 깊은 산속에서 심마니에게 산삼이 있는 곳을 가르쳐주고 도끼를 빠뜨린 나무꾼에게 금도끼나 은도끼를 내주는 전설의 주인공이다.

고범 선배는 우리에게 산신령 같은 존재다. 그는 내년이면 여든에 든다. 평소 말하듯 나쁜 일을 하면 반드시 결과가 따르는 법, 죄 짓고 못 산다는 뜻의 '악인악과惡因惡果'라는 제목으로 첫 칼럼을 쓴 이후 18년 7개월 동안 경북일보에 매주 2회씩 지금도 칼럼을 쓰고 있다. 그가 쓰는 칼럼 '삼촌설三寸舌'은 말 그대로 세 치의 짧은 혀에 비유한 언변言辯이 명칼럼으로 회자하면서 2권의 칼럼집을 단행본으로 출간한 바 있다. 그의 칼럼은 부드러우면서도 번득이는 두뇌로 세상을 꿰뚫어 본다. 그는 아마추어 산악인 중에는 나이가 많은 편인데도 매일같이 산을 오르고 펜을 놓지 않는 열정의 노익장을 과시한다. 배낭에는 항상 맥주 한두 캔과 수술을 받은 태유를 위한 과일주스

한 병, 그리고 과자를 넣어와 산중정담의 좌장이 된다. 역사기록에는 신령이 깃든 부산의 진산, 금정산에 금빛 우물, 즉 금샘金井이 있다. 지금도 금샘에는 동그란 하늘이 담긴다. 그 금정산에서 휘어진 능선을 따라 걷고 나아가면 백두산에 가 닿을 수 있는 산길이 나 있고 맑은 날이면 지리산 천왕봉이 서쪽 저 멀리서 아득히 손짓한다.

금정산에는 수백 가닥의 등산로가 거미줄처럼 얽히고설켜 있다. 금정산의 주봉, 고당봉姑堂峰 아래 펼쳐진 기기묘묘한 형상의 암괴류, 그 바위 무더기 속의 금샘 안내판에는 "우뚝 솟은 바위의 정수리에 가물어도 마르지 않는 금빛우물"이라고 써놓았다. 범천梵天에서 내려온 금빛 고기가 그 샘에서 살았단다. 나는 오늘도 부산대학교 효원벌과 금정산으로 뻗어 있는 금빛 숲길 들머리로 발을 들여놓는다. 지난해 수암과 나는 금정산자락의 소정마을로 이사했다. 집을 나서면 금빛이라는 이름이 흔하다. 금빛초등학교, 금빛태권도, 금빛부동산, 금빛슈퍼, 금빛편의점 등등…. 눈길 가는 건물과 발길 닿는 길마다 금빛이 눈부시다. 고범 선배가 산행 때마다 〈천수경〉 주문 "수리수리 마하수리 수수리 사바하"를 나직이 외며 환한 미소를 지은 채 앞서 걷는 모습이 정겹고 고맙다. 금빛산행은 우리에게 주어진 푸른 삶의 예찬, 부드럽고 싱그러운 생명의 찬가로 이어진다.

고추 먹고 맴맴

죽마고우 J와는 같은 초등학교와 대학을 다녔다. 둘 다 작은 키에 J는 흰 얼굴로 착하고 나는 개구쟁이로 자랐다. 고등학교에 진학했을 때는 함께 자취를 한 적도 있었다. J는 학사장교 출신으로 회사원을 거쳐 개인 사업을 했고 나는 줄곧 방송사의 기자생활을 하다 퇴직한 뒤 나름의 인문학운동을 이끌고 있다. 우리는 고희를 넘기고서야 편하게 만나는 사이가 되었다. J는 파킨슨병을 앓는 3급 장애인이고 나는 만성신부전증을 앓는 2급 장애인으로 살아가고 있다. 우리는 겉으로 보기에 멀쩡하다. 그러나 J는 전형적인 파킨슨병을 앓아 턱과 손을 떨고 걸을 때면 쫓기듯 보폭이 좁다. 나는 10년 전 무리한 산행으로 무릎 수술을 한 뒤로 걸음걸이가 부자연스럽고 얼굴빛이 검어진 채 만성콩팥병의 막다른 길, 투석을 위한 동정맥루 혈관수술을 준비하고 있다. 보슬비가 겨우내 메말랐던 대지를 적시던 지난 3월 중순 우리는 지하철을 타고 한나절을 함께 보냈다. 그 날은 빗속을 우산도 없이 지하철 유람에 나선 것이다.

차 안은 한산했다. 우선 2호선과 3호선을 시작하는 곳으로부터 끝까지 다녀오기로 하고 수영역에서 3호선에 올랐다. 부산의 도시철도는 4개 노선이 사방으로 뻗어있다. 우리가 탄 3호선은 부산을 동서로 가로지르며 달렸다. 구포를 지나 낙동강을 들어서자 눈에 익은 김해평야가 펼쳐졌다. 소란한 도회를 벗어난 우리는 봄기운에 겨운 강바람을 마음껏 쐴 수 있었다. 봄기지개를 켜는 전원 풍경이 펼쳐진 차창에는 어린 시절의 정겹던 기억들이 낡은 흑백필름처럼 스쳐갔다. 30여 분쯤 지났을까? 대저역에 가 닿았다. 그야말로 자유롭고 홀가분한 기분으로 전원의 한가운데에 선 우리는 마냥 행복에 겨웠다. 이제 어디로 가볼까 하는 순간 부산김해경전철의 안내방송이 우리를 김해공항으로 이끌었다. 아이들 놀이터처럼 연결통로를 따라 에스컬레이터와 엘리베이터를 번갈아 갈아타고서야 경전철을 탈 수 있었다.

첫걸음이라 어리둥절해 하는 우리에게 한 중년 승객이 "어디를 가느냐?"고 말을 걸고는 등구와 덕두 두 정거장을 지나면 김해국제공항이라고 일러준다. 시골아저씨가 참 고마웠다. 간간이 들리는 비행기 이착륙 소음이 주위의 모든 소리를 집어삼켰다. 국내선 로비에 들어서면서 무작정 어디론가 떠나고 싶다는 충동이 일었다. 이 같은 일은 내가 자주 겪는 공항증후군이다. 젊은 날 J는 양복지를 주문생산하기에 앞서 세계적인 패션의 도시로 나가 이듬해에 유행할 색상과 디자인을 미리 살폈고, 나는 방송프로그램 제작을 위해 뻔질나게 외국을 드나들었다. 그날따라 아무 일 없이 공항을 찾은 것이다. 앞만 보고 바쁘게 오가며 무심코 스쳤던 로비가 그날은 새롭고 볼 게 많았다. 서둘러 탑승수속을 밟고 짐을 부쳐야 할 일도 없는 홀가분함이 한없이 무료하고 거북하기까지 했다. 우리는 출입국장을 천천히 둘러보며 3층으로 올라섰다.

공항식당에서 출영객과 승무원에 끼여 점심을 먹었다. 공항은 만남과 이별의 현장으로 사람들의 감정이 쉼 없이 넘쳐흘렀다. 우리는 젊은 날의 여행담을 나누며 공항을 떠나기에 앞서 나란히 구두도 닦았다. 비 내리는 날 반짝이는 깔끔한 구두는 우리를 영락없이 시골에서 찾아온 늙은이로 만들었지만 마음만은 신사가 되었다. 속절없는 생각을 접고 다시 경전철을 탔다. 평소 도시철도에서 느끼지 못하던 경쾌한 분위기가 온몸을 덮쳤다. 대저역으로 돌아온 우리는 덕천역에서 2호선으로 갈아탔다. 왼편으로 질펀한 낙동강을 끼고 북쪽으로 달려 양산역에 가닿았다. 바깥에는 제법 굵은 빗줄기가 내리고 있었다. 우리는 창 넓은 카페에서 커피 향을 즐기며 지난 이야기에 끝이 없었다. 그때 J가 문득 "앞으로 이곳 양산부산대병원에서 진료를 받으면 어떨까?" 하고 나직이 혼잣말을 했다.

나는 "새로 지은 병원이라 시설이 좋겠지." 하는 대답을 놓치지 않았다. 그 길로 양산캠퍼스역으로 갔다. 병원으로 들어서자 로비에는 아픈 사람들로 마치 태풍경보로 배가 피항한 포구 같았다. 뇌신경센터를 찾아보고 전문의를 택해 예약을 마쳤다. 그러다보니 시간이 꽤 많이 흘렀다. 우리는 퇴근시간에 부대끼지 않으려고 귀갓길을 서둘렀다. 그리고는 화장실부터 들렀다. 바로 그 때다. J가 등 뒤에서 나를 부르는 것이었다. 돌아보는 나에게 "이것 좀…." 하고는 말을 잇지 못한 채 화장실로 다시 들어갔다. 곧 뒤따라 들어간 나에게 J는 "꼬치가 잘 안 나와서…."라고 수줍은 듯 중얼거리며 팬츠의 지퍼 쪽을 내려다보고 있었다. 손놀림이 둔해서 내의를 헤집고 꼬치를 쉽게 끄집어낼 수 없는 딱한 사정을 혼자서 해결해 보려고 속앓이를 하고 있다는 것을 쉽게 눈치 챌 수 있었다. 나는 스스럼없이 손을 넣어 J의 꼬치를 끄집어 내주었다.

조금도 꺼림칙하거나 어색하지 않았다. 어쩌면 너무나 자연스럽고 당연했다. 초등학교 다닐 때 뒷강에서 멱 감으면서 본 동무의 꼬치를 칠순이 넘어서 만져보는 그 부드러운 감촉에서 돌연 숨겨진 연민의 정이 솟구쳤다. 돌아오는 차 안에서 나는 기대앉은 J의 체온을 느끼며 눈을 지그시 감았다. 새움처럼 돋은 우정이 온몸을 흔들었다. 그리고는 우리가 어릴 때 함께 불렀던 〈고추 먹고 맴맴〉을 입에 물고 번개처럼 지나가는 시간에 그만 넋을 잃고 말았다.

소금꽃

당신의 등짝에 소금꽃이 피도록 일해본 적이 있나요? 생물학에서는 꽃을 암수 생식 세포가 결합하여 새로운 개체를 만드는 종자식물의 유성有性생식으로 설명한다. 그러나 꽃은 보고 즐기는 면에서 아름다움과 정서적 위안을 주는 꽃을 청춘에 견주기도 한다. 그래서 흔히 꽃보다 청춘이라며 우리의 감성에 호소하기도 한다. 사람의 몸에 피는 소금꽃은 염밭의 바닷물이 증발하여 생긴 소금 결정체와 같이 열심히 일한 사람의 얼굴과 몸에 흐른 땀이 마르거나 땀에 젖은 옷이 마르면서 하얗게 피는 눈꽃 같은 결정체다. 바닷물을 조리는 염밭이 아닌 우리 몸에서 피는 소금꽃은 고통의 신비, 그 삶의 가치를 아우르는 노동의 꽃이다.

시인 박승연은 〈소금꽃 당신〉에서 "소금꽃은 내게 삶의 지혜를 가르쳐주는 백과사전"이라고 표현했고 시인 황종배는 〈소금꽃〉을 두고 "절인 삶이 마르면 소금으로 오는 것일까? 사리舍利, 바닷물에 곰삭아 피었구나"라고 노래했다. 지난날 부산 영도의 한진중공업 35m 고공 크레인에 홀로 올라가 309일 동안 "집단해고를 철회하라."라고 외친 해고 노동자 김진숙 씨가 쓴 노동자의 기록 〈소금꽃나무〉가 있다. 그를 구하기 위해서 전국의 지성들이 들고 일어났었다. 이름하여 우리 사회의 새로운 변화를 염원하는 희망버스다. 그 때 〈꿈꾸는 자 잡혀간다〉는 산문집을 쓴 시인 송경동은 다섯 차례에 걸쳐 희망버스를 기획한 죄목으로 끝내 부산구치소 독방에 갇히고 말았다. 그는 일찍이 '그러니 일어나라.'고 어두운 사회를 향해 외친 의로운 사람이었다.

사람이 웃음꽃과 이야기꽃을 피우는 일상에서 늙어가는 우리의 얼굴에 나타나는 세월의 흔적, 거뭇거뭇 피어오르는 저승꽃은 '이제 나도 살만큼 살았구나.' 하고 돌아보게 한다. 그러나 소금꽃은 우리가 사는 곳, 대한민국의 어려운 노동현장을 상징하는 야생화다. 그 꽃을 자동사로 '피다'와 타동사 '피우다'의 표현은 전혀 다른 뉘앙스로 노동 현실을 설명한다. 누구나 보는 국어사전에서 '꽃을 피우다.'는 "(어떤 일을) 한창 무르익게 하다."로 풀이하고 '꽃이 피다.'는 "(어떤 사물 현상이) 활짝 드러나다."로 풀이하고 있다. 돌아보라. 우리 주위에는 소금꽃을 피우는 진실한 삶의 가치를 피하거나 땀 흘리며 살아가는 노동자의 말에 귀 기울이지 않은 채 제각각의 외길만 가고 있지 않는가?

18세기 아일랜드 더블린 출신의 철학자 애드먼드 버크(Edmund Burke)는 일찍이 "악惡이 번영하기 위해 필요한 것은, 선善이 아무것도 하지 않는 것이다.(All that is necessary for evil to succeed is for good men to do nothing.)."라고 깨우친 바 있다. 어느 시대고 소금꽃은 악의 꽃과 맞닥뜨린다. 악의 꽃은 신비주의와 모호함에 찬 은둔자의 노래다. 그것은 어쩌면 민중의 삶과 동떨어진 소수의 행복에 겨운 시詩인지 모른다. 그러나 악의 꽃이 보여준 시대정신은 천박하고 속된 무리들과 애욕을 초월하여 삶의 리듬을 리얼하게 묘사하고 있다. 지난날 척박한 노동의 현장에서 김진숙이 땀흘리며 심고 키운 '소금꽃나무'에 또다시 먹구름이 드리우는 현실을 마주한다. 재벌기업의 대량해고 칼바람과 무책임한 정치권력의 구조조정, 공권력의 편파적 탄압의 그림자가 드리운 무리들 속에서 인권을 유린당하고 신음하는 대한민국의 비정규직 노동자들이 오늘도 소금꽃을 피우며 불안을 감추지 못한다.

소금꽃이 물대포에 떨며 우리 사회를 외면한 채 잠자는 정의와 평등을 일깨운다. 소금꽃이 하늘 우러러 한점 부끄럼 없는 믿음으로 승화되기를 기도한다. 오, 희망의 소금꽃이여!

미루나무 꼭대기에

"미루나무 꼭대기에 조각구름 걸려있네, 솔바람이 몰고 와서 걸쳐 놓고 도망갔어요." 이 정겨운 노래는 박목월 시인이 노랫말을 쓴 동요 〈흰구름〉이다. 우리는 이 동요를 들으며 자랐고 뒷동산에 올라 드높은 하늘을 향해 연鳶을 날렸다. 학생 때나 나이 들어 객지에서 집으로 돌아오는 날 미루나무는 누구보다 먼저 달려 나와 나의 귀향을 반겼다. 미루나무가 서 있는 언덕이나 강나루 정경을 멀리서 바라보며 다가서는 가슴이 뛰고 하늘을 향한 희망, 기다림, 그리고 사랑하는 사람에 대한 그리움이 사무친다. 백조는 물 위에 떠 있어야 우아하듯 홀로 선 언덕 위의 미루나무가 고향을 알리는 이정표였다. 녹음이 짙어가는 6월의 미루나무는 풍요롭다.

봄이면 버들피리를 꺾어 불며 돌아다니면서도 아직껏 버드나무와 포플러, 양버들과 미루나무, 그리고 미루나무와 양버들의 잡종인 이태리포플러를 구분하지 못한다. 미류美柳나무의 표준말이 미루나무라는 것도 최근에야 알았다. 미루나무는 버드나무과에 속하는 활엽수다. 미국에서 처음 들어왔을 때는 아름다울 미美자에 버들 류柳자를 써서 미류나무라고 쓰고 불렀다. 북아메리카대륙이 원산지인 미루나무의 학명은 Populus deltoides MARSH이다. 높이 30m에 지름이 1m까지 자라서 지난 1950, 60년대에는 속성식목을 위해 권장한 수종이다. 민둥산의 식목이나 가로수로 많이 심었으나 수명이 짧고 태풍에 약하며 꽃가루가 날려 땔감으로 하나둘 베어져 나갔다.

국도 따라 근교로 달리는 날 길섶에서 만나는 늙은 미루나무는 연민의 정을 느끼게 한다. 가지를 치고 둥치로 선 미루나무는 그로테스크하다. 여름 한철 미루나무의 잎춤이 일품이고 삭풍 부는 겨울이면 하늘의 아기별들이 미루나무로 내려와 까치 가족들을 보살피는 정경이 천국의 동화 같다. 추울 때는 갈 곳 없는 비둘기까지 단칸방에서 함께 살며 체온을 나눈다. 미루나무는 생김새가 헌칠한 키에 치마폭을 두른 후덕한 풍채다. 내가 미루나무를 다른 나무와 구분할 수 있는 유일한 방법은 잎이다. 가만히 지켜보라. 다른 나뭇잎들은 바람이 불어야 비로소 흔들린다. 그러나 미루나무 잎은 바람이 전혀 없는 날에도 쉼 없이 팔랑거리며 흔들어 댄다. 속을 감추지 않고 죄다 보여주려고 하는 것이다.

지금으로부터 40년 전인 1976년 8월 18일. 내가 방송기자로 입사한 지 만 5년이 되는 때의 일이었다. 경기도 파주 판문점 공동경비구역에서 시야 확보를 위해 미루나무의 가지 치기를 감독하던 미군 장교 2명이 북괴군의 도끼에 맞아 숨진 끔찍한 사건이 발생했다. 문제가 된 나무는 25년생 15m의 미루나무로 앞을 가려 가지치기를 하는 중이었다. 그때는 곧 전쟁이 날 것처럼 나라 안팎이 야단들이었다. 한국전 참전 장교 출신으로 미국 워싱턴 포스트 기자를 지낸 돈 오버도퍼씨는 회고록에서 "그때처럼 한반도에 전면전의 위험이 고조됐던 적은 없었다."고 술회하기도 했다.

나는 미루나무의 잎춤을 보고서야 비로소 미루나무임을 구분한다. 하늘을 향한 미루나무의 잎춤은 대단하다. 미루나무의 가지는 원줄기를 따라 하늘을 향해 수직으로 세워놓은 붓대 같다. 미루나무 잎은 겉으로는 광택이 나고 속은 무광의 회백색이다. 멀리서 미루나무의 잎이 속을 보여주며 팔랑거리듯 흔드는 모습은 현란하고 눈부시다. 양버들과 비슷하지간 잎의 길이가 너비보다 긴 것이 다르고 가지는 사방으로 퍼진다. '날 좀 보소.' 하며 춤추는 미루나무의 잎춤이 벌이는 군무는 캉캉이나 파리의 리도쇼 못지 않다. 미희들이 치마를 올리고 속옷을 허리춤까지 걷어 올리고서는 눈처럼 하얀 허벅지와 엉덩이를 들어내는 순간을 연상케 한다. 여름이면 하늘을 향한 가지들이 불길처럼 타오른다. 낙엽이 져야 앙상한 가지에 군데군데 까치집이 나타난다.

늦가을 미루나무 꼭대기의 까치집은 삭막한 겨울을 이기고 봄을 맞는다. 어느 새보다 까치는 사람과 가깝다. 설날을 앞둔 인사와 반가운 손님의 방문을 미리 알린다. 어느 외로운 시인이 미루나무 꼭대기의 까치집을 위한 서시序詩를 쓰다 말고 그리운 첫사랑에게 한 장의 엽서부터 그리게 한다. 어스름 저녁때나 비가 내리려고 날이 어두워지면 까치부부는 길목으로 나서서 마실 나간 식구를 열심히 불러들인다. 집으로 돌아오는 까치가족들의 대화가 정겹다. 미루나무는 말없이 길을 안내한다. 집안의 가족들에게 자식의 귀향을 전하는 들뜬 목소리가 솔바람을 타고 울려 퍼지면 마을사람들의 가슴마다에 사랑이 메아리친다. 한 그루 미루나무의 기억이 사랑을 그리워하는 삶의 이야기로 오늘도 속삭인다.

3부

기도하는 가얏고
낙타 꼬리를 잡은 노인
가을 매미야
오얏을 탐貪하다
밤 기도, 녹턴
땅속 나이테
홍옥에 반하다
순천행 완행열차
로제트의 꿈
범어사 가는 길

기도하는 가얏고

국어사전에서는 이사移徙에 대해 "살던 곳(집)을 떠나 다른 데로 옮기는 것"이라고 풀이한다. 우리 사회에서 국회 청문회를 거쳐 임명되는 고위공직자 치고 투기와 자녀의 진학을 위한 불법 위장전입을 자행하지 않은 사람이 거의 없다. 나는 최근 병원을 걸어서 오갈 수 있는 거리에 있는 작은 아파트로 옮겼다. 이삿날을 잡으면 아내는 기다렸다는 듯이 쓰던 살림을 정리해서 나누고 보내며 마구 내다버리기에 며칠씩을 매달린다. 그럴 때면 아내의 영혼이 맑아지고 속이 훤히 들여다보이는 것 같았다. 우리 집 가야금은 이번 이사로 안방에서 나의 서재 한 구석으로 밀려났다. 세상에 서글프고 서러운 것은 늙고 병드는 것만이 아니다. 25년 전 가얏고를 처음 들일 때만 해도 인간문화재 제42호 이영수의 작품으로 귀한 대접을 받았다.

그러나 세월이 흘러 개인지도를 맡았던 튜터가 멀리 떠나고 아내 또한 가야금에 대한 관심이 차츰 식어갔다.

그 가야금을 보고 있으면 줄[絃]을 지탱하는 안족雁足마저 하나둘 부러지고 먼지를 뒤집어쓴 몰골의 처지다. 부처님께서 사람이 태어나서 늙고 병들어 죽는 생로병사生老病死처럼 생각이 나오고 이어지다 달라지고 없어지는 생주이멸生住異滅 하듯이 우주만물이 이루어지고 존속하다 무너지고 공이 되는 성주괴공成住壞空이라 하신 말씀이 진리다. 금琴은 국악에 쓰이는 현악기를 통틀어 이르는 말이다. 옛날에는 '고'라 부르고 '금'이라 썼다. 그 말은 가야국에서 만든 가야금伽倻琴을 가얏고라 이름한 것에서 그 유래를 찾을 수 있다. 가야금은 한자어 방식의 표기법이고 한글표기로는 가얏고다. 우리나라의 3대 전통현악기는 가얏고와 거문고, 향비파다. 가얏고는 음색이 청아하고 부드러워 신라 때부터 반주악기로 널리 쓰였다.

가얏고는 법금法琴과 산조散調로 나눈다. 법금은 신라 때부터 내려온 정통 가얏고의 원형으로 통 오동나무 속을 파서 앞면은 볼록하게 배가 나오게 다듬고 뒷면은 편평하게 깎아 만든 길이 약 165cm, 너비 36cm의 크기이고, 산조가얏고는 조선 후기에 개량한 것으로 앞면은 오동나무에 뒷면을 밤나무로 붙여 길이 약 150cm에 너비 21cm의 크기로 다소 작게 만들었다. 법금에 비해 산조가야금은 그 모습이 작고 아담하여 서민적이다. 겉으로 보기에 법금의 끝부분이 양의 귀처럼 삐죽 나왔다고 양이두羊耳頭라 불렀고 산조가얏고는 끝부분이 새의 꼬리 같다고 봉미鳳尾라는 예쁜 애칭으로 불리기도 한다. 소리의 울림이 좋은 공명동共鳴胴에 명주실로 꼰 굵기가 각각 다른 12개의 줄을 매어 안족 위에 얹고 팽팽히 잡아당겼다. 가얏고는 그렇게 완성되었다. 금슬琴瑟은 '금실'의 본딧말로 '부부 사이의 다정하고 화목한 즐거움'을 표현한 말로 '금실지락琴瑟之樂'에서 유래했다. 안방에서 쫓겨난 가얏고는 오늘도 나의 서재의 한 구석에 홀로 기대서서 마주한다.

나는 가얏고가 바치는 묵음기도에 귀 기울이며 황병기의 가얏고 창작연주곡 '숲'과 '침향무', '비단길', '아이보개', '석류집', '전설', '미궁', '달하 노피곰'의 선율을 차례로 떠올린다. 첼로나 콘트라베이스가 낮은 소리로 속삭이듯 가얏고는 끊이지 않는 이야기를 꿰맨다. 어느 집에서는 이 밤 운명의 신神과 맞장을 뜨며 귀향하는 오디세우스를 기다리는 아내, 페넬로페가 백제 가요 〈정읍사井邑詞〉의 '달하 노피곰 도다샤 어긔야 머리곰 비쳐오시라'를 익히며 차고 싸늘한 동지섣달 밤하늘의 보름달을 향해 두 손 모으는 정성을 상상해 본다. 덩달아 베아트리체를 그리는 외로운 나그네 니체는 사랑에 주려 이 밤 "달님이시여 부디 높이 돋으시어 지친 몸으로 돌아오는 내 사내의 어두운 뱃길 비춰주소서. 내 님 돌아오는 길에 부디 암초를 비켜서고 무서운 바람 잠재워 끝까지 살피소서."의 간절한 가락을 운율 따라 밤 기도를 바치고 있을지 모를 일이다.

낙타 꼬리를 잡은 노인

십여 년 전 일이다. 카이로에 도착했을 때 비 소식이 톱뉴스였다. 한 해 25mm에 불과한 강수량인 곳에 밤새 30mm가 넘는 폭우가 쏟아졌으니 그럴 만하다 싶었다. 사막에 많은 비가 내리면 모래땅에 낮은 곳을 따라 군데군데 와디(wadi)라는 계절천이 생긴다. 이번 비로 불어난 빗물이 와디를 따라 낮은 곳으로 흘러가면서 도로를 덮쳤다. 범람한 와디의 토사가 길을 덮쳐 아스팔트 포장이 일어나고 자동차가 다닐 수 없게 된 비 피해가 곳곳에서 발생했다는 뉴스가 전해졌다. 이튿날 피라미드와 스핑크스를 돌아보고 예수피난성당과 모세기념회당을 순례했다. 예수피난성당에서 만난 성모님은 피난길에 풍만한 젖가슴을 풀어헤치고 아기예수에게 젖을 먹이는 이콘을 선물을 하기 위해서 여러 개 샀다. 성모상을 보는 순간 부산 '중앙동 40계단' 부근에 세워진 모자상이 오버랩 되었다. 중앙동의 모자상은 피난통에 지친 엄마가 허리춤의 아기에게 젖을 먹이는 처절한 모습을 조각한 작품이다. 예나 지금이나 어머니는 전쟁과 난리의 중심에 서나 보다.

순례단은 이스라엘 민족의 이집트 탈출 경로를 따라 시나이 산으로 향하는 길이 와디의 범람으로 통행이 제한되어 역삼각형 모양의 시나이 반도 꼭짓점인 샤름 엘 세이흐까지 내려갔다가 다시 시나이 산으로 올라와야 하는 엉뚱한 여정의 행운(?)을 잡은 것이다. 시나이 반도는 기원전 13세기경 모세가 이스라엘 백성을 이끌고 이집트를 탈출한 뒤 40년 동안 머물던 곳이다. 광야는 구약의 백성이 가나안 땅으로 들어가는 길목이다. 그 길에는 모세가 쓴물을 단물로 바꿨다는 마라 샘과 아말렉을 쳐부수었다는 오아시스 르비딤도 둘러보았다. 48년과 56년, 그리고 73년의 세 차례에 걸친 6일 중동전쟁의 흔적이 사막 군데군데에 남아 부서진 탱크와 포대에서 격렬했던 전쟁의 상흔을 볼 수 있었다. 초저녁에 도착할 예정이었던 일정이 먼 길을 돌아오느라 자정을 넘겼다. 해발 2,285m의 시나이 산 중턱에 자리 잡은 플라자 산장에 여장을 풀었다. 순례 3일째 강행군에 몸이 지친데다 늦어진 저녁밥은 모래알을 씹는 것 같았다. 서둘러 잠자리에 들었지만 2시간 남짓 눈을 붙였을 때 모닝콜이 울렸다.

새벽 2시가 좀 지나 시나이 산 정상을 향해 나섰다. 순례객들을 낙타를 태워 올려 보내고 나는 헤드랜턴을 켠 채 수녀님 두 분과 함께 밤길을 걸었다. 산을 오르자 어둠 속에 베두윈들이 스쳐지나갈 뿐 고요에 든 야간산행이 묵상의 길이었다. 시나이 산 정상으로 가기 위해 그 옛날 수도자들이 돌을 깔았다는 3천 계단을 따라 올랐다. 30분쯤 걸었을 때 해발 1,500m에 자리 잡은 성 카타리나 수도원의 석벽石壁이 앞을 가로막았다. 그곳을 지나면서부터 길은 더욱 험해지고 낙타를 탄 일행과는 점점 멀어졌다. 피로가 겹치면서 몇 해 전 시술을 받은 오른쪽 무릎이 걱정이었다. 그러나 나는 옛 이스라엘 백성들이 모세와 함께 했던 광야의 여정이 내 삶 속에서 재현되고 있음을 묵상하면서 걷고 또 걸었다. 왜 하느님께서는 볼품없는 떨기나무에 임하셨는지를 되새기며 걸음을 재촉했다. 첫 휴게소에 닿았을 때 외국 순례객들이 빼곡이 둘러 앉아 묵주기도를 바치고 있었다. 그 속에는 우리 일행 중의 이정복(75, 토마스), 신가순(71, 마리아) 노부부의 모습도 보였다.

올해로 금혼식을 맞은 노부부는 걷기 힘들어 낙타를 타고 출발한 줄 알았더니 "부인만 낙타를 태우고 나는 부인을 태운 낙타 꼬리를 잡고 산을 올랐다."라고 했다. 낙타 등이 높아 불안해 하는 부인을 안심시키느라고 낙타 꼬리를 잡고 함께 올라왔다는 말을 듣고 기가 막혔다. 광야를 인 밤하늘에는 푸른색의 별빛이 가득했다. 시나이 산을 오르는 밤길에 떨어지는 별똥별은 굳어버린 내 믿음의 껍질을 벗기는 것 같았다. 머리

위의 가장 빛나는 별 하나가 꿈의 어린 시절로 안내했다. 어느 틈에 앞서가던 낙타 떼가 별빛 가득한 밤하늘을 배경으로 건너편 능선에 줄지어 섰다. 순례객이 탄 낙타의 실루엣은 마치 아기 예수를 찾아 나선 동방박사들의 행렬을 연상시켰다. 시나이 산은 하느님의 산, 호렙 산이라고 부르는데 모세가 이집트에서 종살이를 하던 이스라엘 백성을 구해 낸 뒤 하느님으로부터 십계명이 새겨진 두 장의 돌판을 받은 영적인 산이다. 산장을 떠난 지 세 시간이 지났을까? 돌산 벼랑에 아슬아슬하게 달라붙은 마지막 휴게소에 닿았다. 비로소 허기를 느꼈다. 배낭에서 초콜릿과 우유를 꺼내 마셨다.

낙타를 타고 먼저 도착한 일행들은 정상을 오르기 위해 숨을 고르고 있었다. 우리 일행은 한 사람의 낙오자도 없이 정상으로 가는 마지막 750계단 아래에 모였다. 여기서부터는 낙타도 오르지 못하는 가파른 돌계단이다. 타고 온 낙타를 쉬게 하고 절벽을 낀 아슬아슬한 길을 조심조심 한 계단씩 오르면서 몇 번이고 쉬었다가 정상에 올랐다. 그때가 새벽 5시 40분. 3시간에 걸친 힘겨운 등정의 막바지였다. 정상에는 세계 각국에서 먼저 올라온 수많은 순례객들이 와 있었다. 먼동이 트면서 줄지어 달리는 산맥들이 첩첩이 장엄한 모습을 드러냈다. 자연이 한 편의 대서사시를 읊어 주었다. 동녘 하늘이 여명으로 불타면서 신천지를 열어놓았다. 시나이 산은 온통 영적 기운으로 충만했다. 처음 만나는 순례객들도 눈이 마주칠 때마다

목례로 감격의 기쁨을 나누었다.

일출이 연출되는 정상에는 여기저기서 박수와 장탄성이 터졌다. 장엄한 일출과 더불어 산상기도를 바친 순례단은 너른 바위에 둘러앉아 미사를 봉헌했다. 모두가 성령에 힘입어 하나같이 새 사람으로 거듭 태어나는 것 같았다. 순간 내 마음은 어떤 말로도 표현할 수 없는 순례의 영적 감흥에 흠뻑 젖었다. 시나이 산의 야간등정은 내게 있어서 매너리즘에 젖은 일상을 쇄신하는 영적 도전이었다. 내려오는 길은 경쾌했다. 꼭두새벽 시나이 산에 올라 일출의 환희를 맛보고 해가 뜬 이후 섭씨 40도가 넘는 폭염을 피해서 하산을 서둘렀다. 막 떠오른 태양이 순식간에 바위산을 뜨겁게 달구었다. 어느 곳을 둘러봐도 풀 한 포기 나무 한 그루 없는 황량한 돌밭이다. 그러나 사막은 살아 있었다. 귀로는 심호흡을 하는 낙타들의 거친 숨소리와 눈에는 메마른 돌길에 낮게 깔린 사막의 먼지가 들어왔다.

메마른 돌 틈 사이에 외롭게 버티고 선 허브 로즈마리는 메마른 올리브 그린 빛깔을 하고 서서 길섶을 지나는 사람의 발걸음이 일으키는 발 바람에도 생명의 향기를 뿌리고 있었다. 모세가 "당신은 누구냐?"라고 묻자 "나는 나다."라고 대답하신 하느님의 말씀이 새삼 생생하게 들리는 듯했다. 성 카타리나 수도원에 있는 모세의 떨기나무는 그날도 덩굴을 늘어뜨린 채 단발머리 소녀의 모습으로 다소곳이 순례객을 맞았다. 이번 순례길에서는 토마스와 마리아 부부의 만남이 소중한 인연이 되었다. 부인을 낙타 등에 태우자 높아서 불안해하는 마음을 진정시키려고 부인이 탄 낙타 꼬리를 잡고 돌산을 오른 토마스의 지극한 사랑을 두고두고 잊을 수 없다. 일행들 사이에 노부부가 보여준 사랑과 믿음에 대한 나름의 느낌을 한마디씩 하자 이를 엿들은 토마스 씨가 부인 마리아 씨의 귀에 대고 "우리 이 말을 기억해둡시다."라고 속삭이는 모습이 잊히지 않는다.

토마스 씨가 돌길을 내려오다 발목을 삐어 걷기가 힘들어지자 마리아씨는 연신 남편을 탓했다. 사연인즉 순례를 위해 값비싼 운동화를 사주었는데 기어이 발목까지 올라오는 구두를 신고 오더니 말썽을 부렸다는 것이다. 금슬 좋은 노부부도 일상의 사소한 일로 티격태격하며 사랑을 다듬어갔다. 은퇴 이후 경기도 용인에 살고 있는 노부부는 충청도가 고향이다. 토마스는 예산, 마리아는 모시의 고장 한산 출신이다. 충남 예산은 추사 김정희가 나고 자란 곳이자, 윤봉길 등 일제에 맞서 목숨을 바친, 의義로운 선조들을 배출한 고장이다. 토마스는 일찍이 뮌헨 대학교에서 현대독일철학 연구로 박사학위를 취득한 뒤 그 대학에서 교수로 일하다 10년 전 정년퇴직을 했다. 노부부는 슬하에 3남 1녀를 두었다. 이번 여행도 지난해 고희를 맞은 어머니 마리아를 위해 자녀들이 마련한 순례다. 삼엄한 경계가 펼쳐진 국경마을 타바에 도착하자 일행들이 모두 차에서 내리게 한 뒤 일일이 인터뷰를 하고 휴대품 검사 등 까다로운 입국절차를 밟았다.

이스라엘로 들어가는 입국절차가 까다로웠다. 그러고서야 쿰란으로 가는 버스에 다시 올라탈 수 있었다. 한숨 돌린 순례객들은 긴장이 풀린 듯 하나둘 눈을 감았는데 계속되는 나의 질문으로 노부부의 입을 통해 지난 사연이 모시 올처럼 술술 풀려나왔다. 두 분의 첫 만남은 토마스가 중학교를 다닐 때였다고 한다. 방학이면 한산의 외갓집에 다녀가곤 했던 정복 소년이 예쁜 가순 어린이를 본 뒤로는 뻔질나게 외갓집을 드나들었다고 한다. 마리아의 모습은 세모시같이 뽀얀 얼굴에는 솜털이 뽀송뽀송하고 말투 또한 조용조용해 여유 있고 인자한 모습은 성모님을 떠올리게 했다. 노부부는 외가의 중매로 사모관대를 쓸 때까지 주고받은 백여 통의 연서를 아직껏 간직하고 있다고 했다. 늙어가면서 생각할수록 사무치는 지난날의 사랑을 문집으로 엮어 가족, 이웃과 함께 나누고 싶다는 말에서 남다른 사랑의 깊이와 의미를 느낄 수 있었다. 이스라엘에 도착한 뒤 티베리아로 가는 날이었다.

예수께서 공생활을 시작한 첫 번째 주간은 가나의 혼인 잔치로 끝난다. 예수께서 여섯 항아리의 물을 포도주로 만들었던 첫 번째 기적을 행한 자리에 세웠다는 가나 혼인잔치 성당에서 사순 제5주일 미사를 봉헌했다. 그 자리에서 60대 세 부부가 혼인 갱신식을 가졌다. 돌아오는 버스에서 새 신랑신부들이 증인들 앞에서 차례로 사랑의 노래를 불렀다. 순례기간 동안 전례를 맡아 봉사한 경기도 광주의 비오+체칠리아 부부는 〈사랑이여〉를, 6 · 25 때 부산국제시장에서 장사로 재기하며 자식을 길러 공부를 시켰다는 경기도 성남의 베드로+데레사 부부는 〈만남〉을, 순례단 회장을 맡아 애쓴 서울 방배동의 요한+크리스티나 부부는 〈비둘기 집〉을 노래했다. 마지막으로 노부부는 초등학생의 모습으로 나와 〈Tell me why the star to shine〉을 노래했다. 가사와 음정이 틀리지나 않을까 걱정하는 얼굴빛으로 서로 마주보며 표정으로 박자를 맞추던 노부부의 자상하던 모습이 지금도 눈에 선하다.

노래가 끝나고 노부부는 만족스럽다는 듯 서로 끌어안고 뺨에 뽀뽀를 했다. 이 광경을 지켜본 우리 일행은 어린애들처럼 좋아서 못 견디겠다는 듯 두 발로 버스 바닥을 구르며 박수와 환호를 보냈다. 그날 밤 갈릴래아 호숫가에서 잠 못 이루는 밤을 지샜다. 달 밝은 밤, 호수는 맑고 밝은 명경明鏡 같았다. 갈릴래아 호수는 성모님께 드리는 간절한 기도의 응답이 윤슬로 피어나 눈이 부셨다. 집으로 돌아온 나는 가족과 이웃들에게 시나이 산에서 '낙타 꼬리를 잡은 노인'의 이야기를 전하고 또 전했다. 지금도 눈을 감으면 노부부의 노래가 들리는 듯 내 가슴이 뛴다. "Tell me Why the star to shine. Tell me Why the ivy twine. Tell me Why the sky is blue When I'll tell you Just Why I love you~~(왜 별이 빛나는지? 왜 아이비가 휘감기는지? 왜 저 하늘이 푸르른지? 말해주면, 그때 내가 왜 당신을 사랑하는지? 말해주겠다고~~)

가을 매미야

소슬바람 불어오자 매미울음 감쪽같이 사라졌다. 지난여름내 그토록 울어대던 매미는 다 어디로 갔을까? 왜 매미는 울지 않을까? 누가 매미를 모두 가두어버린 것일까? 정신 나간 세상에 죽비 같은 매미 울음마저 거둔 무서운 공포가 휩쓴다. 말하고 말해야 할 사람들이 입을 굳게 다물고 끝없는 물음에 스스로의 깨달음만 얻으려는 기도울력이 나라를 맴돌 뿐이다. 여기가 과연 우리가 바라는 금수강산인가. 대중의 나라인가. 아! 가을인가. 여름 한낮 시끄럽던 매미 울음 뚝 그쳤다. 이를 두고 가을매미, 즉 한선寒蟬의 행티라고 했던가? 사람들은 한걸음 더 나아가 가을매미를 두고 진실을 덮고 자기 한 몸만 아끼려고 입을 다물었다고 '침묵은 죄악'이라며 입방아를 찧는다. 지난 세기 나치정권에 저항했던 마틴 뇌묄러 목사의 〈전쟁책임의 고백서〉를 다시 읽으며 칼 슈미트 교수의 '우적관계이론友敵關係理論'을 되새긴다.

전쟁책임의 고백서

마틴 뇌묄러

나치는 우선 공산당을 숙청했다.
나는 공산당원이 아니었으므로 침묵했다.

그 다음에는 유대인을 숙청했다.
나는 유대인이 아니었으므로 침묵했다.

그 다음에는 노동조합원을 숙청했다.
나는 노동조합원이 아니었으므로 침묵했다.

그 다음에는 가톨릭 교도를 숙청했다.
나는 개신교도이었으므로 침묵했다.

그 다음에는 나에게 왔다.
그 순간에 이르자,
나서줄 사람이 아무도 남아 있지 않았다.

조선시대 임금의 관모冠帽에는 매미 날개를 달았다. 그것은 임금에게 매미의 오덕五德, 즉 문文 청淸 염廉 검儉 신信을 바라는 어진 백성들의 갈증이었을 것이다. 매미의 입이 드 줄로 뻗은 것이 선비의 늘어진 갓끈을 상징하여 학문을 뜻하고 평생을 수액만 먹고 살기에 '맑음'이 몸에 배었으며 백성이 가꾸는 곡식이나 채소를 건드리지 아니하는 염치를 말한다고 전한다. 나아가서 자신만의 집을 짓지 않고 그저 나무에 깃들어 사는 검소함이요, 날이 춥기 전에 때맞춰 목숨을 거두어들이는 믿음의 덕을 기리고자 하는 것이다. 그래서 매미 날개가 곤두선 관모를 익선관翼善冠이라 부르기도 했다. 관모에 매미의 날개 모양 장식을 단 이유는 매미에게서 배운 오덕의 선정을 백성에게 베풀라는 뜻이다.

오얏을 탐貪하다

햇과일이 쏟아진다. 보기만 해도 군침이 도는 오얏이 벌써 제철을 맞았다. 우리가 어릴 때 넉넉한 뜰을 가진 집이면 어느 집 할 것 없이 과일나무 한두 그루를 심었다. 그중에 오얏나무가 뜰 한 귀퉁이에 터를 잡았다. 4월이면 눈이 시리도록 흰 꽃을 피우고 6월이면 빨간 열매가 시심詩心을 자극한다. 오얏이 중국으로부터 처음 전해졌을 때는 모양이 복숭아를 닮고 진한 보랏빛 열매라고 자줏빛 자紫자에 복숭아 도桃자를 따서 자도紫桃라고 불렀다. 우리가 사는 동안 오얏이라는 예쁜 우리말을 끝내 결국 잊어버리고 말았다. 아름다운 우리말을 잃었다. 벚꽃은 그냥 피어 있어도 오얏꽃은 향기로 새봄을 알린다. 오얏나무는 동양의 인문고전 사서삼경四書三經의 ≪시경詩經≫에서 "중국 고대 주나라에서 매화와 오얏을 꽃나무의 으뜸으로 쳤다."라고 했고 우리나라에서는 ≪삼국사≫와 ≪고려사≫에 복숭아와 더불어 여러 번 소개되었다.

오얏은 지방에 따라 '꼬약', '고약', '고야'로 불렸는데 영서지방의 고로古老들은 아직도 고야라고 불러 원래 우리말에 오얏의 흔적이 남았다. 오얏은 이李씨 성을 상징하는 조선왕조의 꽃으로 궁궐에 심어졌고 문양으로 널리 쓰였다. 오얏꽃은 조선시대의 국화였고 대한제국의 황실 문양이었다. 해마다 오얏꽃이 피는 4월이 오면 오얏축제가 열린다. 올초여름 들어 우리집 식탁에는 두 차례 탐스런 오얏이 올랐다. 첫 번째는 지난주 아내의 레지오 단원이 집 뜨락을 지키는 50년 묵은 오얏나무에 열린 오얏을 따서 한 광주리 보내온 것이고, 두 번째는 매주 목요일 아침이면 우리 동네를 찾아오는 '양파할아버지'로부터 떨이를 한 것이다. 지난주 우리 아파트 뒤편 주택에 사는 레아 자매가 레지오 주회 때 집에서 따온 오얏을 나누는 자리가 있었단다.

그 자리에서 아내가 오얏을 맛있게 먹는 모습을 본 그 자매가 아내를 자기 집으로 불러 오얏나무를 함께 털었단다. 그 덕분에 오얏 한 바구니를 얻어먹을 수 있었다. 옛날부터 우리나라와 중국에서는 오얏을 복숭아, 살구, 밤, 대추와 더불어 5대 과일로 쳤다. 조선왕조의 임금들은 모두 오얏 리李자를 쓰는 전주 이李씨였다. 옛말에 "오얏나무 밑에서는 갓끈도 고쳐 매지 말라."고 했다. 그 말의 출처는 〈문선文選〉 악부고제요해

'군자행君子行'이며 그 원문은 "君子防未然군자방미연 不處嫌疑間불처혐의간 瓜田不納履과전불납리 李下不整冠이하부정관"이다. 곧 "군자는 재앙이 생기지 않도록 미연에 방지하고 혐의를 받을 만한 장소에는 가지 말아야 한다. 즉 오이밭 옆에서는 몸을 굽혀 신발을 고쳐 신지 말고 오얏나무 밑에서는 손을 들어 갓끈을 고쳐 매지 말라."라는 말이다. 가난하고 외로운 영혼을 그린 화가 고흐의 작품 〈꽃피는 자두나무〉와 이창효의 정물화, 〈오얏〉도 있다.

화가 이창효는 캔버스에 한지를 덧바르고 그 위에 유화로 그림을 그리는 독특한 방식으로 오얏을 그렸다. 그가 그린 오얏은 실제보다 더 싱싱하고 탐스러워 보는 이로 하여금 입에 군침을 돌게 했다고 한다. 그의 화폭에는 높은 가지에서 갓 딴 풋풋한 오얏을 그릇에 넘치도록 담았다. 싱싱함과 새콤달콤한 느낌을 생생하게 표현했다. 오얏의 껍질에 뽀얀 분까지 놓치지 않고 그려 넣은 그 매서운 눈과 터치로 사실적인 화풍을 자랑한다. 빨간 오얏에 달린 초록색 오얏나무 잎이 보색대비의 효과로 오얏을 더욱 싱그럽게 표현했다. 오얏은 붉고 반지르르한 껍질보다 분을 뒤집어 쓴 모습이 한결 수줍어 보인다. 시원한 물로 갓 씻어낸 오얏은 상큼하다. 이 작은 느낌마저도 홀로 탐할 것이 아니라 이웃과 나누고 가족과 함께 즐길 수 있는 그런 마음이고 싶다. 오늘 나는 첫여름의 진객, 오얏의 상큼한 맛을 떠올리면 입안 가득 군침이 돈다.

밤 기도, 녹턴

밤 기도는 하루를 마무리하면서 바치는 과제다. 종과경終課經이라는 성무일도의 마지막 시간경인 밤 기도는 꿈나라에 들기 전 바치는 끝기도다. 가톨릭교회의 기도 중 한 양식인 밤 기도, 녹턴(Nocturn)은 라틴어 'Nox'에서 유래했다. 'Nox'란 로마시대에 '밤의 신'이란 뜻으로 사용되었다. 녹턴의 우아한 선율은 잠들려는 우리의 영혼에게 마지막으로 '나는 누구인가.'를 주제로 나누는 이야기다. 만과晩課에 이어 야과夜課를 알리는 종소리에 따라 수도공동체는 하루의 삶을 반성하는 양심의 성찰과 묵상으로 하느님께 자신을 오롯이 바치며 자비와 용서를 청하는 전통을 이어왔다. 거룩한 '밤의 죽음'을 맞아 정의의 하느님 앞에서 연약하고 초라한 스스로를 성찰하고 "전능하신 하느님! 이 밤을 편히 쉬게 하시고, 거룩한 죽음을 맞게 하소서. 하느님 손에 제 영혼을 맡기나이다."라고 겸손되이 청하는 기도다.

밤 기도로부터 착안한 음악 장르가 녹턴(Nocturne)이다. 녹턴 하면 쇼팽을 떠올리지만 '녹턴의 아버지'라고 불리는 아일랜드 출신 존 필드(John Field, 1782-1837)가 녹턴의 창시자다. 존 필드는 12세 때인 1794년 웨일즈의 왕자가 주최한 콘서트를 통해 데뷔함으로써 등장했다. 1812년경 러시아 상트 페테르부르크에서 처음으로 녹턴을 작곡한 뒤 모두 18곡의 녹턴을 작곡했다. 그 뒤를 이어받아 자유분방한 기질의 폴란드 작곡가 프레데릭 쇼팽(1810-1849)이 피아노의 시인답게 1827년부터 1847년 사이에 보다 정교하고 시적인 21곡의 녹턴을 작곡했다. 쇼팽은 1831년 예술의 도시, 파리에서 데뷔했다. 그 때 당시의 대大피아니스트 프리드리히 칼크브랜너(Friedrich Kalkbrenner, 1785-1849)로부터 지도를 받기 위해 자신이 작곡한 녹턴을 그의 앞에서 연주를 하게 되었다고 한다.

쇼팽이 작곡한 녹턴 연주를 들은 칼크브랜너는 쇼팽에게 "너는 존 필드의 제자냐?"라고 물었다고 한다. 물론 쇼팽은 필드에게 직접 배운 일은 없지만 그의 녹턴에서 풍기는 분위기가 존 필드의 녹턴이 가지고 있는 분위기를 느끼게 했기 때문이다. 음악사적으로 녹턴은 18세기 후반 피아노가 하프시코드를 대체하던 시기에 나타난 음악 장르다. 두 벌의 건반에 그랜드 피아노의 모습을 한 하프시코드는 영어권에서 부르는 이름이고 이탈리아에서는 챔벌로, 프랑스어로는 클레보셍, 독일에서는 클라비챔벌로라고 불렀다. 우리에게는 야상곡夜想曲으로 널리 알려져 있는 녹턴은 피아노의 발달과 함께 본궤도에 오른 음악 장르다. 녹턴의 선율은 나그네인 필드가 춥고 황량하기 그지없는 러시아에서 타향살이를 하면서 고요와 어둠을 파고드는 별빛과 벌레 소리, 그 자연의 속삭임 속에서 고향의 그리움에 젖어 작곡했으리라.

녹턴은 서정적이며 환상적인 분위기를 풍기면서 '밤의 신'을 노래했다. 녹턴은 밤의 적막 속에서 오가는 델리케이트한 심사心思를 표현하듯 부드럽고 서정적인 선율로 가슴을 파고든다. 필드의 녹턴은 쇼팽처럼 화려한 기교로 현혹시키지 않고 오직 침묵과 아무 것도 없는 어둠의 고요 속에서 한 송이 담백한 자기성찰의 꽃을 피운다. 녹턴은 밤의 신비로운 분위기를 그대로 담아내는 시적 감성을 반영한 감미로운 기도다. 녹턴은 피아노의 선율로 죽은 영혼에 불을 지피듯 몽환夢幻적 감정의 흐름을 거침없이 풀어낸다. 루빈스타인, 바렌보임, 한동일, 백건우, 폴리니, 브렌델, 랑랑, 윤디, 임동혁과 조성진을 비롯한 세계적인 피아니스트들이 경지에 올랐을 때 녹턴을 연주했다. 나는 그 많은 연주자들의 음반을 모니터링한 끝에 솔리스트 김대진에 안착했다.

그의 연주는 단아하고 차분하며 꾸밈이 없는 담백한 터치와 세련되고 깔끔한 분위기에 충실하다. 그의 연주는 철학적이고 종교적인 지적 깊이까지 지녔다. 그가 2001년 성당에서 존 필드의 녹턴을 녹음한데 이어 2년 뒤 쇼팽의 녹턴을 녹음할 때는 장소를 연주홀로 바꾼 것도 의미하는 바를 읽게 한다. 나는 피아니스트 김대진을 녹턴의 음악 장르가 가지고 있는 시적 감성을 가장 잘 표현한 연주자로 꼽는다. 그가 연주한 필드와 쇼팽의 녹턴 전곡을 즐겨 들으며 2015년 사순시기의 밤을 갓난 애기의 숨소리에 귀 기울이듯 고요와 고즈넉함에 젖을 수 있었다. 녹턴에는 낭만파 시대의 음악 장르이기 이전에 고결한 가톨릭교회의 밤 기도의 선율이 배어 흐른다. 녹턴과 함께 사순시기를 지내는 크리스천으로서 양심의 성찰과 참회, 그 뒤에 이루어지는 하느님과의 대화 속에서 잠들고 일어나며, 죽고 부활하는 은총에 감사드리게 된다. 거룩한 성주간을 맞은 이 시기에 김대진 교수가 연주하는 존 필드의 녹턴 선율을 4월의 봄비 머금은 밤하늘에 띄워본다.

땅속 나이테

나는 아직껏 고고학과 지질학, 그리고 천문학을 공부하지 않은 것을 못내 아쉬워한다. 내가 지질학에 남다른 관심을 가진 것은 낙동강 하구의 모래섬, 명지에서 자랐기 때문인지도 모른다. 명지鳴旨는 낙동강 하구에 살아 있는 삼각주다. 지금도 지형이 바뀌는 곳으로 등이 도로 이름을 바꾸는 모래섬이 즐비하다. 땅도 까마득한 옛날, 생성으로부터 변천의 역사를 땅속 나이테로 그려놓았다. 창조과학자들은 성경에 근거하여 지구의 나이를 6,000~7,000년이라고 주장한다. 그러나 방사성 동위원소 연대측정법과 탄소측정법 등으로 연구한 과학자들은 지구의 나이를 45억 4천6백만 년이라고 추정한다. 너무 큰 차이다. 인류의 역사를 화석으로 볼 수 있는 가장 오래된 화석인류를 100만 년으로 추정하는 상황에서 인간의 출발을 아담으로부터 시작한다는 성경의 해석과 그 계산법은 우리를 더욱 혼란스럽게 만든다. 삼각주, 즉 델타(delta)라는 용어를 처음 쓴 것은 그리스 때다. 역사학의 아버지라고 불리는 헤로도토스는 페르시아전쟁을 중심으로 그리스와 이집트, 바빌론과 아시아를 두루 여행하면서 보고 듣고 느낀 것을 히스토리아(Historiae)라는 책으로 남겼다. 그것이 역사의 원조다.

특히 그는 나일 강을 따라 아스완 부근까지 여행하면서 이집트 땅을 관찰한 끝에 '이집트는 나일강의 선물'이라는 말을 남겼다. 이밖에도 그는 구릉지의 화석에서 조개 껍질을 발견하고 한때 그곳이 바다였다고 밝힘으로써 그는 지형학의 새로운 지평을 열어놓았다. 지형 관찰의 동기는 호기심을 동반한 상상력과 통섭력이 뒤따라야 제대로 이뤄지는가 보다. 오늘도 해안에는 파도가 밀려왔다 쉴 틈 없이 돌아간다. 바닷가를 걷다보면 모래밭 옆으로 띠를 두른 거대한 해안 절벽이 지층을 이루고 있는 장관을 볼 수 있다. 전북 변산반도 일대의 생태관광지를 비롯한 부산 천마산 자락이 바다에 침몰한 송도 혈청소 일대에는 산이 옷을 발가벗고 속살을 드러내고 있다. 그것이 바로 지층地層이다. 지층은 지각변동에 의해서 퇴적물이 쌓여 여러 겹의 층이 만든 가로줄무늬 구조를 이룬다. 지층의 옆면은 퇴적물의 굵기나 색에 따라 구분되는데 지층에는 지난 지질시대의 사연이 선명하게 아로새겨져 있다. 지층에 좀 더 가까이 다가서 보라.

모든 속내를 숨김없이 털어놓는다. 지층에는 동시대를 산 다양한 동식물의 주검을 화석으로 품었다. 지질학에서는 이런 퇴적층을 단층斷層 또는 층리層理라고도 부른다. 암갈색, 주황색, 회색 등이 층층이 쌓인 아름다운 해안 단층 앞에 서면 무지개 시루떡 같거나 수천 수만 권의 책을 켜켜이 쌓은 퇴적암층이 발걸음을 멈추게 한다. 우리나라 해안에서 볼 수 있는 층리는 대체로 해수면과 평행으로 달린다. 변산반도의 채석강과 부산 송도해안을 비롯해서 공룡발자국으로 유명한 고성 지역 등 전국 어디에서나 쉽게 볼 수 있다. 부산 송도해안 산책로 1.5km 구간에서 볼 수 있는 붉은빛 퇴적암 단층은 지금으로부터 1억 여년 전에 형성된 것이라고 한다. 지질시대는 지구가 생긴 이후의 역사다. 지금으로부터 1억 년 전은 중생대 백악기白堊紀다. 지질시대는 지금과는 뚜렷하게 구별되는 먼 과거를 통틀어 일컫는 말이다. 지구는 약 7억 년 동안 지질시대를 앞두고 우주의 물질이 지구로 떨어져 검은 행성의 시대를 겪는다.

지질시대는 이온(Eon), 대代, 기紀, 세世, 절節로 나누어진다. 백악기는 지사의 11개 기紀 가운데 아홉 번째로 오래된 지질시대를 말한다. 백악기는 약 1억 3,600만 년 전부터 시작되어 7,100만 년 동안 지속되었다고 한다. 백악기 초에는 남아메리카가 아프리카 서해안과 붙어 있었고 오스트레일리아는 남극대륙에 붙어 있었다. 우리가 아는 모든 대륙은 지각의 움직임에 의해서 3억 년 전에 갈라섰단다. 대륙은 약육강식을 좇는 정치꾼들의 이합집산처럼 여러 번 갈라섰다 합치기를 거듭해 왔다. 나는 해안을 거닐 때면 타임머신을 타고 1억 년 전인 백악기로 돌아가는 상상에 빠진다. 바닷물이 차오르는 해안에서 공룡을 비롯한 허기진 파충류가 포효하고 하늘을 나는 시조새들의 시끄러운 지저귐도 들을 수 있을 것이다. 태고의 옛 이야기에 홀린 듯 귀 기울이면 먼 지질시대의 이야기도 들을 수 있을 것 같다. 지층은 살아있는 무덤이다. 지구는 알몸으로 말한다. "비는 수직으로 서서 죽는다"고 읊었던 시인 허만하는 지층을 두고 "수직으로 잘린 산자락이 속살처럼 드러냈다."고 표현했다. '지층'을 다시 본다.

바닷물과 마주한 지층은 수평의 긴 공감대를 이루며 수직으로 투신하는 빗줄기를 지켜본다. 지층은 지구가 살아온 내력과 연륜을 낱낱이 더듬을 수 있다. 지층은 증언한다. 지층은 살아 숨 쉬는 박물관, 지구의 역사를 증언하는 마지막 현장이다. 수평연속무늬로 채색된 지층에 가까이 다가서 보라. 시공을 뛰어넘는 태고의 숨소리가 들릴 것이다. 숫자로 나타낼 수 없는 억겁의 세월을 산 지층은 나란히 어깨동무한 채 우리에게 수평의 깨우침을 침묵으로 전한다. 지구를 감싼 지층은 수직의 유혹을 한사코 뿌리치며 수평의 고행을 정진한다. 불가에서는 하늘에 사는 선녀가 천 년에 한 번씩 지상으로 내려와서 바위를 옷깃으로 스치고 다시 하늘로 올라가는 일을 수없이 반복하는 동안 집채만 한 바위가 닳아 모래알이 되는 데 걸리는 시간을 1겁劫이라고 했다. 지금 우리는 찰나刹那 다음에 올 영원을 위해 우리의 생각도 송두리째 고쳐먹어야 한다. '인간이 만물萬物의 영장靈長'이 아니라 그 구성 요소일 뿐이다. 우주의 정신 중에서 꼭 인간의 정신만이 우월한 것은 아니다. 지구가 태어나기 위해서 150억 년 전에 일어났다는 우주생성, 그 빅뱅을 되새기면서 옷깃을 여민다. 인간의 정신이 더불어 살아야 할 자연 앞에 겸손해야할 심성心性의 근본을 더듬는다.

홍옥에 반하다

창을 열면 소슬바람에 풀벌레 소리 묻어온다. 지난여름 함께 지낸 정겨운 사람들의 모습이 어른거린다. 하루가 다르게 짙어지는 산길의 단풍잎과 채전의 고추, 길섶 과수원 길 따라 잘 익은 홍옥紅玉과 석류 · 대추가 가을의 보석처럼 붉게 익어간다. 가을날 서산의 노을은 정갈한 그리움으로 익고 익어 더욱 찬란하다. 아, 이 눈부신 계절, 우리의 찬란한 가을이여! 처서가 지나 홍로가 나오더니 가을 절후 백로를 앞두고 홍월도 보인다. 곧 이어 홍옥과 국광이 나올 때다. 나는 어릴 때 홍옥으로 사과 맛을 들였다. 적당한 크기에 새콤달콤한 맛, 문지르면 새빨간 광택이 빛나는 보석 같은 과일, 홍옥은 껍질이 얇고 육질이 연하여 혀를 감친다. 껍질채로 한입 베어 먹어야 제맛이다. 커다란 옥구슬 같은 홍옥을 받아들고 통째로 한입 깨물 때 그 새콤하고 달콤한 맛에서 그윽한 옛사랑이 되살아난다.

독일 철학자 헤겔은 '세 개의 사과'를 말한 바 있다. 즉 사과를 통해 종교와 예술과 과학을 이야기한 것이다. ≪구약성경≫ 창세기에서 아담과 이브가 지혜의 열매를 따먹고 에덴동산으로부터 쫓겨나는 이야기와 펠로폰네소스 반도의 그리스 도시국가들과 트로이아의 전쟁을 일으킨 스파르타 왕 메넬라오스의 아내 헬레네와 트로이아의 왕자 파리스의 사랑도 황금사과로부터 연유한다. 그 옛날 사과가 감히 신들의 영역에까지 등장한 것으로 보아 사과는 태곳적부터 인류와 함께해 왔다. 첫 번째 사과를 탐한 이야기는 '신으로부터 독립하려는 인간의 투쟁'과 호메로스가 전하는 일리아드와 오디세이아의 파란만장한 모험과 험난한 일상의 복원이다. 불화의 여신 에리스가 아킬레우스의 부모인 펠레우스와 테티스의 혼인잔치 마당에서 제우스의 아내 헤라와 제우스의 딸 아테나와 아프로디테가 서 있는 발치로 "가장 아름다운 여인에게"라고 새겨진 황금사과를 굴렸다고 한다. 그때 세 여인은 제우스에게 누가 가장 아름다운지를 정해달라고 청한다.

그러나 현명한 제우스는 이를 피하며 근방에서 양 떼를 돌보던 파리스에게 이른바 희대의 미녀선발권을 떠넘긴다. 세 여인들은 저마다 그럴듯한 뇌물을 제시하는데 특히 아프로디테는 파리스에게 자기를 선택하면 인간세상에서 가장 아름다운 여인을 아내로 얻게 해주겠다고 꾄다. 그 뒤 여러 해가 흘러

트로이아의 왕 프리아모스는 아들 파리스를 특사로 스파르타에 파견한다. 그때 스파르타의 왕비 헬레네를 보는 순간 그녀가 바로 아프로디테가 약속했던 운명의 여인임을 알아차리고 스파르타의 왕 메넬라오스가 조부 장례를 치르기 위해 왕궁을 비운 틈에 헬레네를 유혹한다. 파리스의 출중한 용모에 반한 헬레네는 왕궁의 보물을 챙겨 성을 탈출하고 트로이아로 사랑의 줄행랑을 치고 만다. 이에 대한 보복이 바로 그리스 연합함대와 트로이아 사이의 10년 전쟁이다.

이때 신이 인간의 모험과 길고도 험한 귀향에 일일이 참견한다. 두 번째 사과는 뉴턴의 사과다. 뉴턴은 어느 달 밝은 밤 코앞으로 사과가 떨어질 때 하늘의 달은 꼼짝하지 않고 그대로 떠 있는 것을 본다. 뉴턴은 과일과 사물은 모두 공중에서 땅으로 떨어지는데 창공의 달은 왜 그대로 머물러 있는지 의문을 가진다. 그 의문이 끝내 만유인력설을 정립하여 인류과학사상 일대 전기를 가져오는 계기가 된다.

세 번째 사과는 실러의 희곡과 로시니의 오페라로 유명한 억압과 인간으로부터의 해방을 노래한 빌헬름 텔의 사과다. 당시는 스위스가 오스트리아 합스부르크 왕가의 지배와 탄압에 시달리던 시기였다. 당시 활의 명수 빌헬름 텔이 총독의 노여움을 사서 아들의 머리 위에 사과를 얹어놓고 그것을 활로 쏴 떨어뜨리라는 잔인한 명을 받는 사연을 노래한다.

나에게도 두 개의 사과 이야기가 있다. 그 하나는 어린 날의 기억이다. 동네 여자아이들이 고무줄뛰기를 할 때 부르던 전래동요의 기억이다. "원숭이 똥구멍은 빨개/ 빨간 건 사과/ 사과는 맛있어/ 맛있는 건 바나나/ 바나나는 길어/ 긴 건 기차/ 기차는 빠르다/ 빠른 건 비행기/ 비행기는 높다/ 높은 건 백두산/ 백두산 뻗어내려 반도 삼천리/ 무궁화 이 강산에 역사 반만년/ 대대로 이에 사는 우리 삼천만/ 복되도다 그 이름 대한이로세."라는 가사다. 다른 하나의 사과는 몇 해 전 고인이 된 스티브 잡스의 유작이다. 내가 쓰고 있는 애플 로고의 맥 컴퓨터와 아이폰이 바로 그것이다. 애플 로고는 왜 먹다 만 사과일까? 나는 해마다 가을이 오면 홍옥의 맛을 그리워하듯 애플사의 제품을 맛보고는 다른 제품을 쓰지 못하는 마력에 빠지고 말았다.

불란서의 식물학자 디 칸돌의 〈재배식물 기원〉(1883)에서 사과의 원산지를 러시아 남부지방 카스피해와 흑해 사이의 캅카스(코카서스) 지방으로 소개한 바 있다. 중국에는 6세기경 실크로드를 통해 서양 사과가 전해졌고 우리나라의 경우 ≪계림유사≫에 따르면 서기 1103년 고려 숙종 8년에 중국 송나라 사신 손목이 지은 책에 능금을 소개했는데 원래 사과를 임금林檎이라고 하다가 왕의 노여움을 사지 않으려고 발음하기 쉬운 능금으로 자연스럽게 바뀌었다고 한다. 최세진의 저서 ≪박통사언해朴通事諺解≫와 ≪훈몽자회訓蒙字會≫에서 '금檎'을 속칭 '사과(沙果 또는 査果)'라고 부르며 조그만 능금을 '화홍花紅'이라고 불렀다고 썼다. 사과의 재배기록은 고려 때로부터 전해지는데 1884년경부터 선교사들이 몇 그루의 사과나무를 가지고 들어온 게 시초라고 하고 1901년 원산에 사는 윤병수라는 사람이 미국 선교사를 통해 사과 묘목을 들여와 과수원을 조성한 것이 본격적인 사과 재배의 시작으로 전해진다.

나는 지난해까지만 해도 9월이 오면 단골 과일가게나 재래시장의 노점상을 두루 살폈다. 홍옥이 나오기를 기다리는 눈길이었다. 올해부터는 인터넷에 들어가 전국의 홍옥과수원을 뒤졌다. 그 결과 여러 곳의 홍옥재배 농장을 찾을 수 있었다. 멀리는 홍천과 삼척, 충주와 청송, 김천과 영주, 봉화와 영천으로부터 가까이는 함안에 이르기까지 드문드문 있었다. 드디어 나는 연락이 닿은 영천의 별빛촌 농장에 두 상자의 홍옥을 주문하기에 이르렀다. 올가을은 가족과 이웃들과 함께 홍옥을 문질러 붉게 빛나는 사과를 깨물 것이다. 그리고는 그토록 붉은 사랑의 추억을 다시 씹으리라.

순천행 완행열차

그날도 기차는 오전 10시 35분 부전역을 떠났다. 온몸을 떨며 움직이기 시작한 열차는 시골정거장을 어느 곳 하나 빠뜨리지 않고 섰다 가기를 반복했다. 평균시속 52km, 최저시속 30km의 마음에 드는 속도로 달리는 순천행 완행열차는 처음에는 경부선을 따라 사상, 구포, 화명, 물금, 원동, 삼랑진까지 느릿느릿 나아간 뒤 서쪽으로 낙동강을 건넜다. 11월 마지막 주말 열차는 첫겨울과 사랑에 빠졌나 보다. 완행열차가 지키는 가치는 멈춘 듯 나아가는 사랑의 미학이랄까? 김해 한림과 진영역을 지나면서 터널도 잦고 돌아가는 굽잇길이 속도를 더욱 늦추었다. 그래도 무리하지 않고 멈추지 않는 끈기가 대견스럽다. 완행열차는 만남과 헤어짐의 기쁨과 슬픔을 낡은 역사驛舍 한구석에 남긴 채 나름의 감흥을 간직하고 달렸다.

가을걷이가 끝난 황량한 들녘에 새로운 계절, 겨울풍경이 서서히 깃들기 시작하고 있었다. 모든 것을 내어준 텅 빈 논밭이 차라리 홀가분하고 편하다. 철길 따라 늘어선 이름 모를 간이역을 가을하늘의 구름처럼 흘렀다. 열차가 반성과 갈촌역을 지날 때 철로 변에서 잎을 떨군 나목裸木으로부터 존재의 이유와 삶의 간격을 배운다. 어느새 진주와 북천, 횡천을 지나 경상도의 끝자락 하동포구 송림을 지난다. 솔향기 코끝을 스치는 차창으로 내려다보는 섬진강 물길은 멈춘 듯 흐르며 지리산의 정기를 끌고 내려와 윤슬을 피운다. 섬진강을 가로지른 열차가 전라도의 길목 진상으로 접어들자 차창에는 순후한 산세 따라 옥곡과 골약, 광양의 이정표가 반갑게 스쳐간다. 세상이 아무리 시끄러워도 경상도와 전라도는 어깨동무한 채 그러려니 하고 빙그레 웃고만 있다. 이제 곧 그리운 순천에 다다르나 보다. 단출한 편성의 1941호 무궁화 열차는 남도 땅 이곳저곳을 기웃거리며 부전역을 떠난 지 3시간 40분 만에 먼 길 달려와 아직도 살아있는 비련의 역사의 고장, 순천에 닿았다.

남한만의 총선은 결국 분단을 고착시킨다고 반대한 제주 4·3항쟁을 진압하기 위해서 차출하려던 제14연대의 반란으로 '이 편'과 '저편'이 갈렸다. 당시 점령군과 이승만 정권은 총선을 반대하는 '저편'을 빨갱이로 죽여도 되는 사람으로 몰았다.

김종득은 〈빨갱이의 탄생〉에서 "빨갱이는 단지 공산주의 이념의 소지자를 지칭하는 말이 아니다."라고 밝혔다. 결국 이승만 정권에 반대하고 불복하는 움직임을 진압하고 반공사회로 이끌기 위해 쓴 말에 불과했다.

순천 선암사가 고향인 소설가 조정래는 대하소설 ≪태백산맥≫에서 "순천에서 인물 자랑 말고, 여수에서 돈 자랑 말고, 벌교에서 주먹 자랑 말라."라고 한 이야기처럼 순천은 그동안 많은 인재를 낳고 키웠다. 안개의 공간에서 한국 문학의 빛나는 전환점을 찍은 김승옥의 ≪무진기행≫으로부터 매섭도록 추운 어느 겨울밤 간이역에서 오지 않는 막차를 애타게 기다리던 시인 곽재구에 이르기까지 순천은 우리에게 사랑과 삶에 풍선을 부풀게 한 고장이다. 그날도 해 질 녘 순천만 연안의 아득한 무진霧津에는 안개 대신 신비한 푸른빛 노을이 질펀한 개펄 가득 물들였다. 무진교 위에 서서 귀 기울이면 와온해변의 일몰과 쌍벽을 이룬 서쪽의 화포해변에서 바다의 신화를 이야기하는 철새들의 나직한 속삭임이 들린다. 개펄과 갈대숲과 하늘이 하나 되는 순천만에서 발뒤꿈치를 세우고 그 아름다운 노을을 지켜본다. 나목의 앙상한 줄기와 가지 사이로 침몰하는 해가 우리에게 찰나刹那의 외마디 유언을 남긴다.

이곳 순천대학교에서 시문학을 강의하는 시인 곽재구는 1981년 중앙일보 신춘문예를 통해서 시 〈사평역沙平驛에서〉가 당선되어 등단했다. '오지 않는 막차'를 기다리며 순천의 연민에 빠진 그는 오늘도 순천만과 와온바다를 지키는 파수꾼이다. 그는 우리 시대의 삶과 아픔을 문학적 감성과 시대정신으로 감싸 안고 거침없는 그리움과 희망을 노래한다. 이른 아침에 일어나자 순천만이 우리를 갈대숲으로 뒤덮인 대대포 앞바다의 탁 트인 개펄로 유인한다. 자연과 인간이 공존하는 세계 5대 습지 순천만은 160만 평의 빽빽한 갈대밭과 끝이 보이지 않는 690만 평의 드넓은 개펄에서 대륙을 날아온 고달픈 철새가 날개를 접고 내려앉는다. 철새 떼의 군무와 생명의 오케스트라가 새아침을 깨치는 자연생태공원의 한편에 들어선 초가, 순천문학관에는 김승옥이 외로운 투병생활을 하고 있다. 전망대에서 바라보는 순천만과 아침 햇살에 물든 S자형 수로에서 풍기는 알싸한 갯내음이 순천의 그윽한 향기다.

내 고향 낙동강 하구의 갯벌이 개발이라는 미명으로 메워지고 분단의 슬픔으로 점철된 한강 하구, 강화의 갯벌이 비감하기 이를 데 없다면 ≪곽재구의 포구기행≫에서는 "한없이 고요했던 그 시간들 속에서 나는 세상 속으로 들어가는 법을 배웠다. 나의 시들이 천천히 날갯짓 하는 것을 보았고 가능한 그 날갯짓이 더욱 격렬해지기를, 세상에 대한 더 깊은 연민과 지혜와 열정을 지니기를 바랐다. 그 무렵의 내게 침묵은 날개와 다른 이름이었다."라고 이야기한다. 저 멀리 그지없이 착한 화포마을 해수면에는 어둠을 밝히는 불빛이 하나 둘 나란히 밝혀지기 시작한다. 시인 곽재구는 누구보다 바다와 포구를 사랑한 사람인가 보다. "저문 시간이면 순천만에 나간다. 눈앞에 펼쳐지는 너른 개펄이 좋고 개펄 냄새를 이리저리 싣고 다니는 바람의 흔적이 좋다."라고 읊지 않았던가. 그가 쓴 ≪포구의 기행≫은 오늘 고향을 잃어버리고 살아가는 사람들에게 작은 위안이 된다.

새벽이면 갈대숲을 덮은 무진 안개를 헤치고 밝아올 여명의 눈부신 순간을 보게 되리라. '뒷산에 소가 누워 있는 형상'이라는 순천만 와온臥溫바다와 맞은 편 화포해변이 꽃대궐을 차리고 양팔 벌여 삼라만상을 품으리라. 지난날 소설가 박완서는 와온 갯벌에서 일하는 아낙들을 보며 "봄날의 꽃보다도 와온바다의 갯벌이 더 아름답다."며 꼭 한번 살아 보고 싶다고 토로했고 시인 송상욱은 와온의 부드러운 갯벌을 보고 "속옷 갈아입는 듯 맨살 드러낸 뻘밭에 바닷물이 든다."고 표현했다. 누구보다 와온바다를 사랑한 시인 곽재구는 그의 여섯 번째 시집에 실린 시 〈와온바다〉의 첫 연을 "해는 이곳에 와서 쉰다."라고 읊었다. 갈대숲 위로 펼쳐지던 그 별밤은 늦가을 장마로 끝내 허락하지 않았다. 순천만의 화려한 일몰과 눈부신 일출의 기억이 사랑의 환타지로 남았다. 이튿날 아침 펜션의 안주인이 건네준 해바라기씨를 받아들고 부산행 버스에 올랐다.

로제트의 꿈

벌써 여름이다. 나는 밖을 드나들 때 상가와 아파트 사이의 좁은 골목길을 택한다. 그 길은 자동차가 다니지 않고 항상 바람이 통해 시원한데다 해를 가려주기 때문이다. 길섶에는 접시꽃을 비롯한 새 생명의 활동이 왕성하다. 접시꽃은 로제트(rosette)의 일종으로 겨우살이를 하는 냉이와 민들레, 유체와 갖가지 겨울초처럼 알몸으로 어둡고 추운 겨울과 치열하게 맞서 싸운다. 식물생태학에서 로제트는 뿌리나 땅속줄기에서 돋아난 잎이 햇볕을 잘 받기 위해 몸을 낮추고 땅바닥에 바짝 엎드린 채 땅으로부터 올라오는 지열과 습기를 온몸으로 감싼다고 설명하고 있다.. 그리고 밖으로부터 닥치는 차가운 냉기를 차단하며 오롯이 추위와 맞닥뜨린 채 겨울을 산다. 로제트는 뿌리에 잎이 붙은 것처럼 보일 정도로 전장의 병사나 광야의 민초民草처럼 바짝 엎드려 생존을 이어간다.

접시꽃은 양지바른 곳에서 로제트로 털이 있는 원통 모양의 줄기 따라 서로 어긋나게 잎이 나와 크고 넓게 펼친다. 키도 크다. 꽃은 5월 중순 들면서 성장점 꼭지에 꽃망울을 올린 뒤 6월부터 줄기가 어른 키만큼 자라면 잎겨드랑이에서 짧은 자루를 가진 꽃이 아래쪽으로부터 차례로 피기 시작한다. 멀리서 보면 무궁화꽃 같고 홑꽃이 더 아름답다. 올 들어 첫 접시꽃이 피었다. 흰색의 접시꽃이 수줍은 듯 넓은 잎 사이에 숨었다. 꽃색은 붉은 자주색, 분홍색, 흰색 등이다. 어릴 적 기억을 떠올려 보자. 시골집의 대문 옆이나 장독대에서 큰 키의 접시꽃을 보았을 것이다. 신라 때 당나라에서 처음 전해졌다는 접시꽃은 촉규화蜀葵花라는 이름으로 알려지면서 당시의 석학 최치원도 시를 썼다. "흔들리지 않고 피는 꽃이 어디 있으랴."라는 시로 유명한 시인 도종환이 두 번째 시집으로 〈접시꽃 당신〉을 남긴 바 있다.

조선조 초기에는 황촉화黃燭花, 일일화一日花라고 불렸다고 한다. 꽃말은 '열렬한 사랑'으로 예부터 집을 지킨 꽃으로 알려져 시골집 대문에 심는 전설의 꽃이기도 하다. 주위에서 흔히 볼 수 있는 로제트 계열은 냉이, 민들레, 접시꽃, 달래, 텃밭의 부추와 시금치, 유채와 배추까지 다양하다. 춥고 긴 겨울 동안 결코 시들거나 말라죽지 않으려고 결사항전 한다. 몸을 낮추는 것은 햇볕을 많이 받는 한편 지열의 손실을 막아 뿌리가 얼지 않도록 하기 위함이다. 로제트는 봄햇살을 받아 몇 장의 잎이 나오면 이내 꽃대를 올린다. 제주의 유채꽃이 대표적이다. 뿌리를 촉규근蜀葵根, 씨를 촉규자蜀葵子, 꽃을 촉규화蜀葵花, 줄기와 잎을 촉규蜀葵라고 하여 한약제로도 썼다. 로제트의 겨울나기는 가능한 많은 양의 햇볕을 받을 수 있도록 잎이 겹치지 않게 사이 사이로 헤집고 나와 자란다. 접시꽃의 잎은 방사선 모양으로 땅 위에 무더기로 나와 납작하게 엎드린다.

잎의 크기가 점점 중앙으로 모일수록 작아진다. 자세히 들여다보면 이 모든 것이 무등無等의 몸부림이다. 무등은 완전한 평등을 지향하는 더할 나위 없는 로제트의 소망이다. 아리스토텔레스는 일찍이 "식물에게도 영혼이 있다."라고 갈파하지 않았던가? 근대 식물학의 아버지, 칼 폰 린네는 식물이 동물이나 인간처럼 움직일 수 없을 뿐이지 상호교감을 나누는 혼과 개성을 부여받은 창조물이라고 주장한 바 있다. 접시꽃은 만물의 영장이라는 인간세상을 향해 새 삶의 소통을 원하고 있는지 모를 일이다.

범어사 가는 길

마을버스에서 내려 절길로 접어든다. 동쪽 기슭에 자리한 천년고찰 범어사는 스스로 찬란하다. 하늘 향해 뻗은 나무 가지 위의 까치집에 마음의 점을 찍는다. 산사에는 한없는 고요가 시심詩心을 지핀다. 금정산 범어사는 합천 해인사, 양산 통도사, 순천 송광사, 구례 화엄사와 더불어 우리나라 5대 사찰 중의 한 곳이란다. 범어사는 신라 문무왕 18년(678) 의상대사가 창건했다고 전한다. 나는 칠월의 하늘과 땅, 장마철 빗소리가 전하는 부처님 말씀 따라 산길을 걷는다. 조용한 산길에 피어나는 그리움이 싱그럽다. 그리움의 어원은 '긁다'라는 동사다. 그리움은 마음에 그림을 그리는 것을 뜻한다.

산길은 일상의 번뇌에서 벗어나 절대침묵이 스스로를 휘감는다. 범어사 본당本堂 대웅전에서 대나무밭 흙담 오솔길을 따라 내려오면 타종식과 기도회를 알리는 철 지난 펼침막이 펄럭인다. 설법전이다. 그 설법전의 너른 마당에 육백여 년 묵은 은행나무 한 그루가 홀로 서서 비를 머금은 하늘을 외팔로 떠받친다. 그 은행나무는 어지러운 세상을 향해 '맑고 청정하며 서로 돕고 이해하며 행복이 충만한 아름다운 삶'의 실현을 위해 "옳은 생각, 바른 생각이 모든 것을 지배하게 하라."라는 묵음의 법문을 전한다. 그 언젠가 노스님께서는 설법전 마당의 은행나무를 두고 '살아 있는 부처님'이라고 했다. '범어사 은행나무'를 마주하면 삶의 질량을 느낀다. 육백여 년의 긴 풍상을 견디며 살아온 은행나무가 선승 같다.

안내문은 '이 은행나무는 임진왜란 이후 노승 묘전妙全 스님께서 어느 갑붓집의 은행나무를 옮겨다 심었다.'고 전한다. 지난 1990년에는 은행나무에 서식하는 땅벌을 쫓기 위해 연기를 피우다 밑둥에 불이 번져 화상을 입은 곳을 시멘트로 때운 상처가 사반세기의 세월이 지나도록 눈에 아린다. 은행나무는 신생대의 제3기 지층의 거대한 습지에서 자랐으나 빙하기 직전인 백만 년 전에 오늘날의 모습으로 독일 푸랑크푸르트 암마인 주변 지역에서 화석으로 발굴한 바 있다. 이미 6천만 년 전, 최초의 인간이 지구에 발을 딛기 훨씬 전부터 은해나무는 존재했다고 한다. 그 이후 은행나무는 유럽에서 사라지고 따뜻한 중국과 한국, 일본 등 동아시아로 건너와 오늘날 우리가 보는 은행나무로 남았다.

세계의 과학자와 식물학자, 생화학자와 문화사가, 종교사가의 연구가 시작된 이후 미첼의 〈나무 한 그루가 시간을 정복한다〉를 비롯한 수많은 학문적 연구서가 쏟아져 나왔다. 그 결과 부채 모양의 잎을 단 은행나무는 지구상에서 가장 오래된 식물로 알려졌다. 연구자들은 은행나무의 역사가 대체로 3억 년은 넘을 것이라고 한다. 은행나무는 중생대의 트라이아스기, 쥐라기시대의 백악기시대, 그 이후 신생대 제3기 지층에서 화석으로 발견된다. 오늘날 식물학자들은 은행나무를 '나무의 시조始祖' 또는 '살아 있는 화석化石'이라고 일컫는다. 은행銀杏은 은빛 나는 살구라는 뜻이다. 우리나라에서 가장 오래된 은행나무는 경기도 양평의 용문사 은행나무로 나이가 1,100년으로 천연기념물 제30호로 지정되었다. 나무의 높이 41m, 둘레 11m에 이른다. 용문사 은행나무는 신라 마의태자가 심었다는 이야기와 의상대사의 지팡이가 자란 것이라는 이야기가 전해진다.

희망, 장수, 다산성, 우정, 순응, 정복 불가능성을 상징하는 은행나무는 괴테의 불타는 사랑으로 더욱 유명하다. 진도 팽목항 인근에 조성된 '세월호 기억의 숲'에도 은행나무 306그루가 심어졌다. 1815년 9월 독일의 대문호 괴테는 그의 연인 마리안느 빌레미와 사랑의 시를 주고받는다. 그 때 사랑의 징표로 이른바 '비밀스런 의미가 담겨 있는 동방의 나뭇잎'을 편지 속에 끼워 넣는다. 괴테는 이름을 밝히지 않은 채 마리안네의 시 세 편을 자신의 ≪서동시집≫에 실어 뜨거웠던 열애의 흔적을 남졌다. 괴테가 1814년 고향인 프랑크푸르트 암마인에 갔을 때, 그의 친지인 은행가 빌레머의 약혼녀 마리안느를 보는 순간 그녀에 대한 사랑이 불타올랐다. 괴테는 〈은행잎〉이란 시를 통해 "내 하나이며 둘임을"이라고 노래했고 이 시를 받은 마리안네는 평생 괴테에 대한 그리움을 간직하고 살았다고 한다.

그녀는 "나는 행복했고 사랑했고 사랑받았노라."고 했다. 문득 청마의 〈행복〉이 떠오른다. 중국의 곽말약郭沫若은 은행나무를 '동방의 성자聖者'라고 불렀다. 성자는 자신의 삶을 안으로 다스리며 치열하게 산 사람이다. 은행나무처럼 오랜 세월 한 곳에서 살아온 나무도 거룩한 성자다. 범어사에서 살아 있는 화석으로 만나는 은행나무 또한 소중한 인연이다. 눈여겨보면 가람의 배치든 나무 한 그루나 풀 한 포기도 깊은 의미를 지닌다. '생각하는 만큼 보인다.'는 말처럼 범어사의 비경은 금정산록에서 내려다보는 하늘과 가람의 조화로운 풍경뿐만 아니라 육백여 년을 살아온 은행나무가 중생들에게 '삶이 있는 한 희망이 있다.'며 깨우친 사람, 부처님의 희망법문이 어디선가 들린다.

점點으로 만난 손녀딸

리아의 옹아리

그대 있어 행복합니다

리아는 피신 중

리아 떠나다

할아버지의 선물

쏟아지는 그리움

내 마음의 천사

비, 그대 향해 내린다

집은 돌아오는 곳

점點으로 만난 손녀딸

첫손녀딸과 점으로 만났다. 지난 2011년 3월 17일 메일을 통해 한 장의 초음파 사진이 날아들었다. 넓고 넓은 세상에 나를 강하게 끌어당기는 점 하나. 그 점을 뚫어져라 응시했다. 눈을 씻고 다시 본다. 이 얼마나 놀랍고 신기한 일인가! 달걀 모양의 자궁에 10.6mm의 콩알만 한 배아세포의 흑백사진이다. 생명의 신비를 눈으로 확인하는 순간 새 생명의 감동과 설렘이 온몸을 덮친다. 내 첫손녀, 리아는 그렇게 세상에 왔다. 그로부터 한 달 뒤 두 번째 초음파 사진은 태아가 엄마의 자궁에 너무나 편안히 누워 있는 모습이다. 그때 머리와 얼굴, 배와 다리가 구분되었고 신체 부위 중에 머리가 제일 컸다. 세 번째 6월 6일에는 초음파 동영상과 함께 여러 장의 스틸 사진이 메일로 다시 왔다. 그때는 성 식별이 가능한 사진과 함께 오른손을 들어 나에게 손짓을 하는 고사리 영상을 보고 놀라 아내에게 "이것 좀 보라."라고 나도 모르게 소리를 질렀다.

그 이후 리아를 기다리는 마음은 혼자서 바빠졌다. 우선 태교를 위한 책과 음악을 구하려고 서점으로 나갔다. 태교음악을 고르기 위해 레코드점을 샅샅이 뒤졌다. 소포를 부치고서야 나는 할아버지가 될 첫 준비를 마친 뿌듯함에 젖었다. 그러고는 매일같이 며늘아기의 건강을 챙기며 손녀의 출산을 손꼽아 기다렸다. 며느리에게 전화할 때면 뱃속에 든 손녀에게 목소리를 들려주려고 전화기를 배에 대어보라고까지 했었다. 내가 일찍이 약속했던 유모차도 미리 사 보냈다. 무엇보다 실시간 화상통화를 위해 우리 가족의 휴대폰을 모두 잡스의 유작인 아이폰으로 바꿨다. 세상은 변해 멀고 먼 대륙에서도 목소리든 영상이든 실시간에 주고받을 수 있는 편리한 시대에 살고 있다. 그로부터 7개월 23일 만인 2012년 11월 8일 한밤중에 병원으로 간다는 기별을 받고 놀라 잠을 깼다.

이튿날 새벽 5시 8분 마침내 기다리던 리아가 태어난 것이다. 눈부신 새생명의 탄생 소식이 빛처럼 전해졌다. 나는 서른다섯에 아들을 보았고 아들도 같은 나이에 딸을 얻었다. 우리는 70년이라는 긴 세월을 통해 대를 이은 셈이다. 병원에서 발행한 출생증명서에 기록된 리아의 풀 네임은 '리아 서연 최(Leah Seoyeon Choi)'다. 리아는 처음 하나의 점點으로 우리에게 왔다. 점의 사전적 의미는 '작고 둥글게 찍은 표나 자리'를 뜻한다. 철학적으로는 그리스 시대로부터 점을 원자原子의 개념으로 보고 아톰(atom)이라고 표현했으며 과학적으로는 물질을 이루는 기본적인 단위다. 물리학에서는 하나의 점에서도 중력이 작용한다는 이론이 근대과학의 기초를 이루었다. 그것은 아인슈타인의 상대성 이론과 뉴턴의 만유인력의 출발점이기도 했다.

그렇다. 아인슈타인 이후 양자역학은 원자 안에 더욱 작은 양성자와 중성자가 들어 있다는 물리학 이론이 세계를 지배하지 않았던가? 점과 점 사이를 서로 끌어당겨 이은 것이 선이고 그 선이 혈육의 관계인 면을 형성한다. 부모와 자식 사이에 서로를 끌어당겨 이은 선이 평면을 만들어 넓혀가면서 가정이라는 공간을 형성한다. 우리가 살아가는 공간은 삶의 입방체다. 점이 1차원이라면 선은 2차원이고 면은 3차원이며 공간은 4차원인 셈이다. 이렇게 볼 때 리아는 하나의 점으로 와서 가족과 끈을 동여맨 생명체로 태어나 가족공동체를 형성하는 텃밭을 마련한 4차원의 한 포인터가 된 것이다. 얼마나 자랑스럽고 장한 일인가. 내 사랑하는 손녀딸 리아는 침묵하는 보석으로 자신의 자리에서 스스로 빛을 발한다. 큰 눈으로 응시하는 그 천진난만한 모습, 입을 있는 대로 벌리고 하품을 하는 모습이며 목욕할 때 두 팔을 휘젓는 품세가 미래의 마에스트로를 충분히 예견케 한다.

나는 리아가 너부러지게 잠든 모습만 봐도 흐뭇하고 좋다. 리아가 찍은 점의 의미는 벌써 할아버지의 자긍심이 되었기 때문이다. 리아가 태어나고 우리 부부는 빈 화분마다 튤립 구근을 빽빽이 심었다. 겨울이 되어 휑해진 베란다에 튤립을 심은 화분들로 채워졌다. 튤립 구근은 화분 속에서 어깨를 맞대고 이 춥고 힘든 계절을 이겨내며 옹골차게 새싹을 올렸다. 그 옛날 소파 방정환 선생은 어린이를 두고 '모두 시인'이라고 했다면 리아는 세상모르고 꿈꾸는 보석 같은 천사다. 엄마 품에 안겨 젖을 빨거나 고사리손으로 우유병을 든 모습이며 아빠의 배와 등에 붙어 곤히 잠든 모습, 옹아리를 하는 동영상까지 하루도 거르지 않고 보내주는 모습이 할아버지의 궁금증을 풀어주었다. 갓난아기 때는 하루 20시간 이상을 먹고 자는 일을 반복하면서 바깥세상을 접하듯 리아도 사진으로 보는 모습은 먹고 자는 일이 대부분이었다.

리아의 백일을 앞두고 오는 2월초 외할머니와 임무교대를 하기 위해서 미국으로 떠날 항공권을 예약한 아내가 나에게 "손녀딸이 이 담에 커서 읽을 수 있는 할아버지의 일기를 써보라."고 권했다. 그래야지. 멀리 있는 할아버지가 할 수 있는 일은 손녀딸의 어린 시절 이야기를 일기 형식으로 기록하기로 했다. 훗날 손녀딸이 몰라보게 자랐을 때 태어난 시대의 이야기와 그 시대를 살았던 할아버지의 삶과 생각을 낱낱이 담을 것이다. '할아버지가 손녀딸 리아에게 쓴 편지'로 엮고 싶다. "리아야, 리아야, 우리 리아야!" 할아버지는 "네가 모든 이에게 모든 사람'이 될 수 있도록 기도할게…."

리아의 옹아리

2012년 여름, 나는 비로소 자유롭다. 드넓은 하늘에 한 점 구름이 나타나서 꿈꾸다 사라지는 모습을 지켜본다. 만난 지 달포 만에 첫손녀가 다시 떠나고 20년 넘게 살아온 집이 팔려 이사를 가게 되었다. 그에 앞서 천여 권의 책을 대학도서관으로 보냈다. 늘그막에 이별수가 겹치나 보다. 지난일은 시간이 흐를수록 그리워지는 법인가? 때로는 밑도 끝도 없이 울컥하고 북받치는 감정이 층층이 흐르듯 온몸을 적신다. 아직 철이 들지 않아서일까? 집착의 끈을 놓지 못해서일까? 아니면 지나치게 탐하고 누리려는 욕심을 비우지 못해서일까? 그러나 지금 보내고 비우려는 마음은 오랫동안 바라던 일이고 일상을 벗어나려는 일탈逸脫의 초입初入이다. 손녀 리아가 한 달 사이에 외갓집을 오가는 동안 몰라보게 자랐다. 리아는 태어난 지

6개월 만에 한국에 와서 우리와 함께 한 달 넘게 지냈다. 이름을 부르면 고개를 돌리고 눈을 맞춘다.

곧잘 웃기도 하고 말을 걸면 알아듣는지 옹알이를 한다. 카메라를 의식하고 반짝이는 물건에 손을 먼저 갖다 댄다. 우리 집은 리아가 일어나야 아침이 열리고 리아가 잠들어야 불을 끄고 비로소 잠자리에 눕는다. 우리는 그렇게 하루의 일상이 리아에 매였다. 첫손녀를 보게 된 양가의 관심이 온통 아이에게 집중되었다. 온 가족이 리아에게 관심이 모이고 화제 또한 만발했다. 노부부가 사는 집에서 들리는 리아의 옹알이와 웃음소리가 생명의 메시지, 그 자체다. 예부터 사람 사는 집에서는 세 가지 소리가 담장을 넘어 고샅으로 흘러나가야 한다고 했다. 즉 어린아이 우는 소리와 책 읽는 소리, 그리고 아낙들의 다듬이질 소리를 두고 하는 말이다. 리아는 옹알이로 우리와 대화를 주고받는다. 어린아이의 옹알이는 자신의 표현이고 세상을 향한 의사전달이다. 자세히 들어보라. 어린아이는 옹알이로 우리에게 자신의 모든 감정을 전하고 말하려고 한다.

리아가 때로는 침을 흘리며 물푸레질하는 소리를 낸다. 간혹 으르렁거리거나 찢어질 듯 높은 소리로 주위를 놀라게 하거나 혀 구르는 소리까지 별별 소리를 다 낸다. 발성연습은 하루가 다르게 나아진다. 간혹 "마, 마, 마" 또는 "파, 파, 파" 하거나 "빠, 빠, 빠" 하는 소리를 낼 때, 얼른 들으면 "엄마, 아빠"라고 부르는 것 같아 "리아가 벌써 말을 다 하구나." 하고 떠벌이게 된다. 리아는 때로는 어른들을 거짓말쟁이로 만든다. 리아는 머지않아 말문을 열 것 같다. 리아의 사랑스런 옹알이를 가장 잘 알아듣는 사람은 영혼이 맑은 사람이 아닐까? 그중에서 엄마와 외할머니가 으뜸을 다툰다. 사람들은 흔히 “손자가 오면 반갑고 가면 더 반갑다.”라고 말한다. 그만큼 손자를 보는 일이 힘겹고 신경 쓰인다는 말이다. 한번 겪어보라. 혼자서 옹알이하고 재롱 피우며 잘 웃고 놀 때는 모르지만 열이 나거나 몸 상태가 좋지 않아 투정하고 징징거리며 보채는 아이를 보는 일은 쉽지 않다. 손녀 리아와는 그렇게 정이 들었다.

리아가 떠나야 할 날이 하루하루 다가오면서 마음 한구석에는 벌써부터 서운함이 일고 서성거린다. 며칠 뒤면 시도 때도 없이 터져 나오던 리아의 옹알이와 웃음소리, 리아를 돌보는 가족들의 잽싼 몸놀림과 장난감에서 흘러나오는 소리며 아이를 어르는 정감어린 소리는 이제 들을 수 없게 된다. 마음 여린 아내의 표정에서는 벌써부터 서운함이 묻어나기 시작했다. 리아가 떠나면 집안은 다시 적막함과 침묵이 깃들 것이다. 모든 것은 그렇게 지나간다. 그러나 이별은 헤어짐으로 끝나지 않는다. 헤어진 뒤에도 몸속에는 한줌 그리움이 자리할 것이다. 보내고 버리는 일상은 외로운 마음을 더욱 건잡을 수 없게 한다. 그것은 내게 견디기 어려운 아픔으로 다가올 것이다. 리아가 떠나면 내 건강을 위해 우리는 이사를 가야 한다. 아내는 누구보다 손녀에게 마음 쓰랴 이사 준비를 하랴 나날이 부담스러운 모양이다. 때 지난 헌옷과 무거운 그릇을 없애고 그동안 베란다에서 키우던 화분도 정리하는 아내의 모습이 측은하고 안쓰럽게 느껴진다.

가슴에 이는 연민의 정이 이런 걸까? 이웃에게 나눌 것과 화단에 내다 심을 것을 구분한다. 흰 분과 이끼 낀 토분은 이사 갈 때 가져가기로 했다. 아내가 맡은 이사 준비는 순조롭게 진행되고 있으나 내가 맡은 책과 레코드는 차일피일 미뤄졌다. 마음이 무겁고 걱정이었다. 그러든 어느 날 들른 딸이 "책을 정리해서 대학 도서관에 기증하면 어떻겠느냐?"는 의견을 제시했다. 그 길로 도서관 측에 기증의사를 전달하고 절차를 밟기 시작한 지 며칠 만에 13박스의 책을 택배 편으로 보냈다. 기증한 책들은 최근까지 30여 년 동안 읽던 언론 관련 서적과 대학에서 방송학을 강의할 때 참고했던 관련 자료 천여 권이다. 책이 줄어든 책장은 여유가 생기게 되었다. 이사를 가서 남은 책은 듬성듬성 꽂아 서로 비스듬히 기대거나 동무로 지내게 할 생각이다. 그리고 필요한 사람에게는 누구에게나 자유롭게 가져다 읽을 수 있도록 자유개가 식으로 북카페를 꾸미고 싶다. 이제 책은 나만이 움켜쥐고 살 소유가 아니라 공유하고 나누는 공동의 재산으로 내놓고 싶다.

나는 하늘과 바다가 맞닿는 풍광을 좋아한다. 그만큼 낮에는 윤슬이 눈부시고 밤이면 별빛 쏟아지는 곳을 좋아했다. 침묵이 흐르는 강기슭과 호수, 그리고 해안선 따라 바닷물이 육지 깊숙이 파고 든 아늑한 갯마을에서 출렁이는 밤바다를 볼 때면 고흐의 유화 〈론강의 별이 빛나는 밤〉에서 보았던 불그림자를 연상하곤 한다. 더구나 해풍이 불어오는 수평선을 바라볼 수 있는 전망, 그 위로 해무가 몰려오는 바다풍경은 끝없이 나를 상상의 나래를 펴게 했다. 그러나 며칠 뒤면 금정산 자락으로 이사를 가야 한다. 나는 이번 이사를 계기로 새로운 일을 궁리해 왔다. 첫 번째 일은 집 가까이에 있는 식물원이나 대학 도서관에서 일정한 시간 허드렛일을 돕고자 한다. 아내가 동의하면 기꺼이 함께할 생각이다. 그것이 다 손녀 리아를 떠나보내면서 내 마음속에 남아 있는 우리의 인연처럼 간직하고 싶은 일이다. 2012년 여름, 비로소 자유로워지기를 바라는 나의 소망은 마침내 손녀 리아와의 인연으로 이뤄지고 있다. 더 늦기 전에 깨달음의 자리에 한 알의 사랑을 간직할 일이다. 그 일이 나를 성찰케 하고 잊어버린 기억을 되살리며 잃어버린 삶을 찾아 가리라.

그대 있어 행복합니다

2015년 6월 10일 밤. 그리운 리아가 어둠을 뚫고 혜성처럼 나타났다. 리아의 이번 귀국은 미국 산티에고에서 태어나서 시드니로 옮겨 살다 생후 43개월 만에 이뤄진 네 번째 만남이다. 온 나라가 메르스 호들갑으로 마스크를 쓴 사람들이 넘쳐나는 공항을 아무렇지도 않은 듯 당당히 들어왔다. 리아는 입국장을 걸어 나오며 또록또록하게 "할아버지!" 하고 외치며 눈을 맞추었다. 막 피어난 꽃처럼 화사하다. 리아를 마주하면 나는 한없이 천진난만해진다. 누구한테 배웠는지 'V'자 손가락을 만들어 흔드는 모습이 앙증스러웠다. 그러고는 환영 인파와 일일이 눈을 맞추며 여유 있는 눈인사를 주고받았다.

리아의 귀국을 앞두고 창틀에 올려다놓고 애써 물을 주며 햇볕을 쪼인 제라늄이 마침내 꽃망울을 터뜨렸다. "그대 있어 행복합니다."라는 꽃말이 벅차오르는 내 마음 그대로 대신했다. 리아는 광안리 할아버지 집에서 여장을 풀고 열흘을 지낸 뒤 낙동강변의 아름다운 매리 외갓집으로 가기로 했다. 오는 14일 주일에는 외가 산딸기밭에서 양가 가족이 모여 귀국 환영 파티를 열고 18일에는 할머니의 예순 여섯 번째 생일잔치에서는 가족들이 모인 자리에서 축하 노래를 선창할 예정이다. 그리고는 오는 7월 8일까지 28일 동안 친가와 외가를 서너 차례 오가며 즐거운 나날을 보내게 된다.

리아에게 이번 여행은 모국의 친지들을 두루 만나고 자연을 체험하는 좋은 기회가 될 것이다. 싱그러운 해풍이 불어오는 광안리의 여름 해변을 은하수길 따라 함께 걸으며 아파트 단지의 길목과 꽃밭에 만발한 접시꽃과 달맞이꽃, 로즈마리의 향기 속에 노랗게 핀 금계국도 살펴볼 것이다. 가족들과 어울려 즐거운 시간을 보내는 동안 할아버지와 할머니가 다니는 성당도 가보고 미사를 함께 참례해 볼 것이다. 신록이 짙어가는 대자연의 서정도 맛볼 것이다. 그리고 할아버지 서재에서 함께 음악을 들으며 이야기를 나누고 기회가 되면 애니메이션 영화도 보며 많은 것을 공유할 생각이다.

올여름의 중심은 손녀, 리아다. 집안의 가구와 방 배치로부터 크고 작은 일은 물론이고 할아버지와 할머니, 고모의 일상까지 모두 리아의 일정에 맞추어 쾌적하고 안전한 나날에 정성을 쏟기로 했다. 미끄럼틀과 낚시터를 만든 거실은 리아를 위한 공간이다. 이번 귀국을 계기로 강나루의 외갓집 오리 떼와 31번국도 변 죽성천으로 드라이브를 나가 생명을 노래할 여름밤의 개구리 합창을 들으며 느낌을 나누기로 했다. 리아가 이번에 돌아가면 부산과는 더욱 멀리 떨어지는 호주 대륙의 서쪽 끝 낯선 도시, 퍼스로 이사한다. 아빠가 시드니 대학에서 서호주 대학(UWA)으로 옮기기 때문이다.

그곳에서 할아버지 할머니가 보고 싶고 모국이 사무치게 그리울 때면 "개굴개굴"하며 울던 개구리의 밤 기도를 회상할 수 있도록 그런 기억의 창고를 지어주고 싶은 것이다. 내가 어린 날 엄마와 누나가 그리울 때면 여름밤 하늘 별빛 쏟아져 내리는 빈들에서 끊일 듯 이어지던 개구리의 합창에 귀 기울이며 그리움을 다스렸던 기억이 새롭다. 나는 이번 기회에 여름밤을 시작과 마침도 없이 흐느낀 한하운의 그윽한 〈개구리〉의 시심을 리아와 함께 불러낼 작정이다. 그리고 리아를 꼬셔서 한 침대에서 함께 자볼 생각이다. 오, 아름다워라. 내 마음의 천사, 리아와 함께 맞을 여름밤의 단꿈이여!

리아는 피신 중

가슴 졸이던 일이 현실로 다가섰다. 밤늦게도록 놀다 돌아간 고모로부터 걸려온 전화벨이 밤의 적막을 깼다. 우리 동네에서 부산의 두 번째 메르스 양성반응자가 나타났다는 소식이다. 순간 리아가 귀국한 이후 하늘 높은 줄 모르고 올라가던 우리 집의 행복지수가 갑자기 멈춰 서는 것 같았다. 시급한 일이 메르스 양성반응자가 발생한 수영으로부터 리아를 안전한 곳으로 속히 피신시키는 일이다. 리아를 재운 뒤 새벽 2시가 넘도록 우리 가족은 의논을 거듭했다. 고모는 간간이 속보를 전해왔다. 모래 주일은 리아의 외가에서 산딸기 파티가 예정되어 있어서 하루 일찍 보내도 좋을 것 같았다. 연락을 받은 외할머니께서 깊은 밤 부랴부랴 리아를 데리러 오셨다.

이번에 부산에서 발병한 두 번째 메르스 양성환자가 들렀던

병원은 우리 집으로부터 반경 2km 안에 있는 병원들이다. 특히 가장 가까운 한서병원은 내가 매주 세 번씩 투석치료를 받으러 가는 곳이다. 한서병원을 찾은 날인 지난 5일 새벽 6시부터 4시간 동안 내가 투석치료를 받았고 그 환자는 오전 10시쯤 대전 대청병원에서 일했던 143번 환자로 한서병원 소화기내과를 찾은 것이다. 층과 통로가 달라 접촉은 없었으나 감염경로을 위한 역학조사 결과를 지켜보기로 했다. 병원이 요구한 감염경로 차단과 격리조치에 충실히 따랐다. 그 뒤로는 15일 동안의 최장 잠복기간인 19일까지 스스로 자가관찰(self-monitoring)을 철저히 하려고 우리 부부는 귀 적외선체온계로 4시간마다 체온을 체크하면서 손 소독과 마스크 사용으로 개인 위생에 철저를 기했다.

그뿐 아니라 미사와 모임, 그리고 일체 외부와의 접촉을 끊은 채 스스로 완벽한 자가격리에 들어갔다. 메르스 비상으로 리아를 속히 오염지역으로부터 안전하게 피신시키는 일이 무엇보다 급했다. 며느리와 아들이 짐을 꾸리는 동안 리아와 시간을 보내는 마음이 편치 않았다. 할머니와 춤을 추며 깔깔거리던 모습, 휴대폰으로 사진을 찍어주던 깜찍한 모습, 가위바위보로 술래를 정하고 숨바꼭질을 하자며 조르고는 얼굴만 가리던 귀여운 모습이 눈앞에 어른거린다. 리아는 어제까지만 해도 할아버지의 투석치료를 받느라 굵은 바늘에 수없이 찔린 팔둑을 걱정스런 눈빛으로 살피며 "할부지 아프지?, 어떻게 하지? 걱정 돼."라는 말을 연발하곤 했었다. 리아가 가장 끈끈한 혈육의 끈으로 우리를 동여맨 시간이 흘렀다.

우리 가족이 며칠 동안 맛본 행복지수는 갑자기 정지 상태에 멈추어 섰다. 그런가 하면 "아빠랑 퍼스로 이사 가지 않고 할머니 할부지랑 살고 싶어. 나는 할부지를 사랑해."라는 말을 리아로부터 듣는 순간 나는 귀를 의심했다. 주차장에서 리아가 오른 차는 고사리손으로 키스를 연신 날리는 모습을 차장에 담은 채 서서히 떠났다. 리아는 엄마 아빠와 함께 외할머니 차를 타고도 왜 가야 하는지 이해를 하지 못하겠다는 듯 의아한 표정을 짓는 표정이 한편 안쓰러웠다. 리아가 떠난 유월의 두 번째 주말은 가뭄을 해갈해줄 비가 내릴 듯 잔뜩 흐렸다.

리아의 활기로 넘치던 집안 분위기가 메르스 비상으로 순식간에 풀이 죽었다. 공포의 현실이 끝 모를 구렁으로 빠지는 것 같았다. 헤어지는 슬픔이 사흘 동안 이어진 만남의 벅찬 기쁨을 그대로 앗아가 버렸다. 리아와의 네 번째 만남은 그렇게 안타까운 헤어짐의 이야기가 반전시켰다. 그러나 다시 돌아올 리아를 기다리며 집안을 대청소한 뒤 리아가 머물던 방의 이부자리와 생활용품은 그대로 두었다. 그것이 눈에 넣어도 아프지 않을 손녀를 둔 할아버지와 할머니의 마음인가 보다. 리아는 지금 자가관찰 중인 할아버지를 떠나 외갓집에서 피신 중이다.

리아 떠나다

손녀, 리아가 태어나서 이제까지 세 번 만나고 이별했다. 첫 번째는 생후 5개월, 두 번째는 생후 15개월, 이번은 생후 25개월 만이다. 첫 귀국은 유모차를 타고 두 번째는 걸어서 이번에는 자연스럽게 입국장을 여유 있게 걸어 나오면서 환영객들에게 눈을 맞추고 손을 흔들었다. 미소를 머금은 채 포즈를 취한 공항패션이 앙증스러웠다. 리아는 20여 일 동안 친가와 외가에서 고루 지냈다. 리아를 맞은 곳은 집안을 온통 어린이 놀이터로 바꿔놓았다. 친가에서는 미끄럼틀과 키친, 피아노와 대문 모형 장난감에 물방울 만들기와 플레이도우, 낚시놀이를 비롯한 카드놀이까지 외가에서는 두 마리의 애완견과 다양한 레고에 외할머니가 직접 만드신 목각 자동차까지 준비했다. 리아는 오늘 양가의 사랑을 듬뿍 안고 공항에 나왔다. 리아를 태우고 시드니로 떠나는 하늘에는 무심한 비행구름만이 이별의 아쉬움을 길게 그렸다.

리아는 기억력이 빼어나 한번 들었거나 만져본 물건과 사람을 다음에 곧잘 기억한다. 생후 25개월에 알파벳을 또박또박 읽고 관련 단어를 말한다. 혼자 놀 때는 아이패드로 유아프로그램 뽀로로와 후토스 등을 스스로 찾아본다. 카드놀이를 할 때도 할아버지에게 나름의 설명을 덧붙인다. 머리를 자르고 나오는 길에 보이는 간판이나 광고의 영문글자를 소리 내어 읽는다. 며칠 전 가족들이 모인 자리에서 물감 칠하기를 했다. 스케치북에 붓질을 했는데 첫 작품이라고 외가와 한 장씩 나누었다. 하루는 양치질을 하지 않겠다고 버티는 바람에 저희 부부는 아침저녁 리아 앞에서 "아~~" 하고 입을 벌린 채 발성연습을 해야 했다. 그 뒤로는 외갓집에 가서도 양치질을 할 때면 외할아버지, 외할머니, 삼촌, 심지어 강아지들까지도 모두 모여 리아 앞에서 치카포카 노래를 불렀다고 한다. 리아가 떠나는 날이다. 출국장을 들어서면서 리아는 출영 나온 한 사람 한 사람에게 다가가 다리를 끌어안으며 나름의 이별세리머니를 했다.

리아는 메르스와 피정의 이산離散에 애태웠던 나날을 떨치고 떠났다. 밤이면 내 곁에 앉아 낮은 목소리로 조용조용 브람스 자장가를 부르며 그 고사리손으로 나의 온몸을 쓰다듬어 주곤 했었다. 그렇게 매일 밤 할부지를 잠재우던 리아는 기어이 떠났다. 잘 놀다가도 달려와 내 다리를 끌어안으며 "할부지,

나는 퍼스 가지 않고 할부지랑 살고 싶어."라고 말하던 리아의 그 깜찍한 연민의 표현이 세월에 찌든 할부지를 놀라게 했다. 할머니 등에 업히면 볼을 부비며 부드럽다고 뽀뽀를 퍼붓기도 했다. 리아가 떠난 텅 빈 집에는 무심한 햇살에 묻어오는 그리움만 차곡차곡 쌓인다. 만나면 헤어지는 일상의 감성이 집안 가득 잦아든다. 나는 6월 셋째 주에 나온 에세이집 ≪집은 돌아오는 곳≫의 첫 권을 리아에게 선물했다. 리아는 두 손으로 책을 받아들며 눈을 깊숙이 맞추었다. 태어난 지 43개월 만에 귀국한 리아는 외갓집에서 지내는 동안 배운 십자성호를 그으며 "성부와 성자와 성령의 이름으로. 아멘." 하는 성호경을 곧잘 기도했다.

가족들이 식탁에 둘러앉으면 리아가 기도를 주관하고 안방 성모상 앞을 지나칠 때면 그냥 지나치지 않고 멈춰 서서 홀로 기도한다. 이름은 세례를 생각하고 리아로 지었다지만 자신이 스스로 결정하고 선택하도록 유아세례를 강요하지 않았다. 아들 내외도 나와 같은 생각이다. 지금도 자유로운 영혼으로 삶을 선택하기를 바라며 지켜볼 뿐이다. 나는 헌법이 보장하는 신앙의 자유개념을 존중한다. 외가와 친가를 오가며 성가정의 분위기를 자연스럽게 맛본 뒤에 스스로 결정하게 하려는 배려로 리아의 유아세례를 유보한 것이다. 30년의 신앙 경력을 가진 나는 스스로 우러나오는 침묵과 묵상, 성찰과 기도가 아닌 권위적이고 일방적인 전례와 자기도취에 빠져

독선적인 사고에 젖은 교회의 분위기를 거부한다. 묻고 싶다. 아직까지도 우리가 절대자인 신의 지배를 전제하는 종교에 매달려야 하는가?

믿음은 삶이지 수단과 목적이 되어서는 안 된다. 리아는 이런 할부지의 신앙관에 대한 쟁점과 고민을 이해하고 갈등을 다독이듯 성호경을 날리며 한곳에 얽매이지 말고 자유롭게 살아가라고 권하는지 모른다. 리아는 맑고 밝은 작은 동심의 표상이다. 리아가 자라면서 가족들에게 많은 것을 느끼게 한다. 나는 그동안 퍼즐과 카드놀이를 함께 하고 놀이터와 바닷가로 산보를 나가서 모국, 부산에 대한 공감능력을 갖도록 노력했다. 아쿠아리움에서는 수조에 갇힌 물고기들과 대화를 나누고 갑자기 외할머니와 외할아버지가 보고 싶다고 이름을 부르며 중얼거리고 발레스쿨과 뮤직스쿨에서 배운 춤과 노래를 흥얼거렸다. 때로는 깔깔거리고 발을 구르기도 했다. 할머니와 엄마의 늦은 생일선물을 사는 백화점에서는 계산이 늦어지자 이를 지켜본 리아가 "매니저를 불러야 하는 것 아니야?"라고 말해 주위를 깜짝 놀라게 했다.

지난 주말 깊은 밤 외할머니와 외할아버지가 리아를 보고 싶다고 때때옷을 가져오신 자리에서는 스스럼없이 심야콘서트를 마련했다. 그렇게 한 달 동안을 한국에서 지낸 리아는 머나먼 하늘길 따라 정든 집으로 돌아갔다. 리아와 함께 지내는 동안 우리는 마음의 위안을 느끼고 희망을 맛볼 수 있었다.

그러는 동안 메르스 사태와 장마도 한풀 꺾였다. 미국 산티아고에서 태어나 시드니에서 자란 리아는 앞으로 호주의 평화로운 전원도시, 퍼스에서 유아시절을 보낼 것이다. 거실 테이블에 어지럽게 쌓였던 장난감과 외할머니가 만들어준 목각과 고모가 마련한 책과 퍼즐, 놀이기구가 말끔히 치워졌다. 리아는 할부지의 컴퓨터와 할머니의 냉장고, 그리고 온 가족의 스마트폰에 아쿠아리움에서 사온 스티커를 붙여 놓고 떠났다. 미술관 나들이에서도 아이들과 어울려 그림을 그리며 즐거운 시간을 보냈다.

리아는 "왜?"라는 말을 끝없이 묻고 다니며 "나는", "근데"라는 말로 시선을 끌었다. 리아가 종종걸음으로 뛰어다니던 거실은 휑하니 비어 적막감이 깊다. 그러나 "그대 있어 행복합니다."라는 꽃말의 제라늄은 피고 진다. 리아가 돌아가는 날, 키 102.5cm, 몸무게 15kg이라는 성장기록을 남겼다. 나는 새삼 프란치스코 교종敎宗께서 세계 어린이들에게 들려주신 "위대한 꿈을 꾸는 일을 두려워하지 마세요."라는 희망메시지를 리아에게도 전했다. 그리고 "크고 높은 꿈을 향해 용기 있게 도전하세요. 미래의 주인공이 되세요. 다른 사람이 아닌, 바로 내가 세상의 미래를 이끌 수 있어요."라는 격려도 빠뜨리지 않고 전했다. 리아가 떠난 자리에 빗소리만이 낮은 선율로 잦아든다. 나는 집으로 돌아와 jtbc의 5시 '보고합니다. 정치부회의'와 8시 뉴스룸를 차례로 보며 일상에 복귀했다.

할아버지의 선물

세밑에 나는 마음의 불을 밝힌다. 12월생인 나는 세밑이면 어디론가 떠나고 싶은 역마직성이 솟구친다. 거칠고 어리석은 세상을 떠나 정처 없이 떠도는 오디세우스가 되고 싶다. 나는 아직도 시베리아의 백야白夜와 북극의 극야極夜를 헤치는 한겨울의 고독한 방랑자가 되고 싶은 꿈을 꾼다. 그러나 불쑥 떠날 수 없는 것은 매주 세 차례의 혈액투석치료를 받아야 하기 때문이다. 갑갑하면 옛 '초딩' 친구들과 지하철을 타고 공항으로 나선다. 그리고는 공항 출입국장에서 떠나고 돌아오는 숱한 사람들을 보고 활주로에서 들려오는 여객기의 이착륙 소음을 듣는다. 이별하고 만나는 사람들의 알 수 없는 감정들이 자연스럽게 감정이입感情移入되는 것을 느낀다. 젊은 날 해외취재와 여행, 그리고 순례를 회상하면서 낡은 기행문을 뒤적이거나 비

디오와 영화를 보며 애타는 마음을 달랬다. 그러던 어느 날 EBS채널과 'sky Travel'에 빠졌다.

EBS에서 제작한 세계테마기행 〈숲과 호수의 나라, 휘바! 핀란드〉와 〈오광록의 노르웨이 기행〉이 스칸디나비아 반도에 대한 여행욕구를 더욱 탱탱하게 당겼다. 세계테마기행 다큐멘터리 '휘바! 핀란드'는 사진작가 이한구 선생의 리포트로 제작한 1부, 북극으로 가는 문, 라플란드 2부, 마법의 시간, 극야 3부, 숲과 호수의 나라 4부, 섬들의 낙원, 올란드가 차례로 방영되었다. 4시간을 꼼짝 없이 누워있어야 하는 혈액투석을 '즐거운 투석'으로 받아들여야 하는 나로서는 책과 TV를 보고 클래식을 들으며 나만의 시간을 가진다. '휘바! 핀란드'를 시청하면서 즐겨듣는 시벨리우스의 교향시 〈핀란디아〉의 선율이 잃어버린 젊음의 열정을 다시 부추겼다.

1부, 북극으로 가는 문, 라플란드/발틱 해의 은빛 도시 헬싱키로부터 북극 여정을 시작한다. 라플란드의 원시림에서 눈 덮인 크리스마스트리를 헤치며 원주민 사미족을 찾아 나선다. 산타할아버지의 안내로 순록무리가 이끄는 눈썰매를 탄 해맑은 동심이 북유럽의 땅 끝으로 달린다. 북으로 올라가는 길, 핀란드의 최북단 마을 누오르감을 지나 스칸디나비아 대륙의 끝 뷰고니스에서 북극해의 어둠과 매서운 추위와 맞닥뜨리며 스스로에게 "나는 누구인가?", "나는 어디로 가고 있는가?"를 연거푸 물었다.

2부, 마법의 시간, 극야/ 겨울에 해돋이가 없는 '극야'의 땅, 핀란드 북부지방은 혹독한 추위와 적막이 지배하는 땅. 시베리아의 해넘이를 거부한 '백야'와 다른 '극야'를 살아가는 핀란드 북부마을 사리셀카 사람들은 남태평양 섬사람들보다 더 밝고 따사로웠다. 우리의 마음을 설레게 하는 산타클로스가 안내하는 북극권의 첫 마을, 로바니에미에서 만난 핀란드 사람들은 자연이 곧 그들의 삶이었다. 눈처럼 희고 순수한 핀란드 사람들의 감성은 화실에서 만나는 캔버스였다. 극야의 하늘에 펼쳐지는 빛의 파노라마, 오로라가 우리를 묵상의 신비에 들게 했다.

3부, 숲과 호수의 나라/ 핀란드를 달리 표현한 말, 수오미(suomi)라는 말이 실감날 만큼 스크린에는 호수와 섬으로 가득 채웠다. 핀란드 최대의 호수이자 항해자들의 천국, '사이마'호에는 무려 1,400개의 크고 작은 섬들을 그물처럼 엮어 아름다운 휴양지로 만들었다. 올라빈린나 성이 있는 사본리나에서 사이마 호수와 아름다운 풍경, 에스커리지가 대자연의 절경, 그대로였다. 호수 물 위를 떠도는 유빙과 은빛 자작나무숲은 여행자는 고독한 정령이 되어 순결한 북극의 사랑을 풀어놓으며 전통 스모크사우나로 추위를 녹였다.

4부, 섬들의 낙원, 올란드/ 중세의 목조건물이 즐비한 역사의 도시, 라우마는 꿈꾸는 동화의 나라였다. 핀란드인의 인내정신, '시수(sisu)'의 근원, '보마르순드 요새'와 '칵스텔홀름 성'

이 강대국 스웨덴과 러시아에 낀 핀란드를 잦은 침략으로부터 지켰다. 6,500개의 아름답기 그지없는 섬으로 이뤄진 올란드 제도는 오늘도 석양에 온몸을 내맡기고 눈을 감은 채 침묵했다. 지난날 리스본의 그 슬픔과 한 맺힌 파두(Fado)의 선율처럼 험한 뱃길로 떠나보낸 남편을 기다리는 올란드 아내들의 몸부림이 파도를 탔다.

'휘바! 핀란드' TV프로그램에 꽂힌 나는 리아를 위한 새로운 인문학 학습과 새해선물을 마련했다. 손녀딸 리아를 위한 선물은 할아버지의 적금이다. 지금 막 세 돌을 지난 리아가 초등학교와 중학교를 졸업하고 대학교에 입학하는 시기에 떠날 배낭여행경비를 돕기 위해서다. 리아가 다양한 인문고전을 읽고 클래식에 귀 기울이며 지구촌의 여러 곳 사람들을 만나 꿈과 상상력을 키우며 '더불어 살고 함께 나아가기'를 소망하는 마음에서다. 그것이 손녀딸 리아를 향한 할아버지의 마음이고 공진共進의 꿈이기도 한 것이다.

쏟아지는 그리움

어느덧 7월 초순이다. 벌써 1년의 절반이 지났다. 세월은 참 빠르기도 하다. 지나온 길을 한번쯤 돌아볼 때다. 세상 사람들은 즐거웠던 시간이 오래 지속되길 바랄 것이다. 사랑이 깊을수록 영원히 변치 않기를 바라지만 생각과는 달리 잊어버리거나 잃어버리기 일쑤다. 이 또한 지나가리라(This, too, shall pass away). 불가에서 지나가고 남는 것을 공적空寂이라고 했던가? 공적은 머무를 바 없이 멍하니 텅 빈 마음의 상태를 말한다. 이러한 현상을 공황장애 상태나 금단 현상의 한 증상, 흔히 멘붕이라고 말한다. 리아가 미국으로 떠난 하늘에는 대금산조의 자진모리장단을 탄 먹구름이 낮게 드리웠다. 먼동 트는 하늘을 배경으로 사위어가는 마음이 비바람을 일으켰나 보다. 자욱하게 피어오른 물안개가 슬픔을 머금는다. 낮게 몰려오는 물안개처럼 그리움이 스친다. 리아와 함께 지낸 6월은 쏜살 같았다. 여름은 뭇 생명이 왕성하게 자라며 생기를 내뿜는 양陽의 계절이다. 장맛비가 오락가락하던 6월말이면 밥솥에서 갓 쪄낸 씨알 좋은 감자가 먹음직할 때다. 보릿고개와 맞물린 춘궁기의 고비에 삶은 감자와 샘물을 참으로 올리던 고향의 인심은 그지없이 후하고 넉넉했다.

오뉴월 뙤약볕이 무더위를 찌고 때맞춰 올라온 장맛비가 아이 보채듯 진종일 창을 노크하던 날 잠투정을 하던 리아가 빗소리를 들으며 천사처럼 잠들곤 했었다. 리아의 잠든 모습을 지켜보는 동안 어린 시절의 옛 추억이 슬그머니 고개를 들었다. 장맛비가 쉬어 가는 여름밤, 구름 사이로 비치는 달빛 아래 동네 개구쟁이들과 함께 서리해온 감자와 옥수수를 삶아먹던 여름밤의 사연이 묵은 이야기보따리를 풀어낸다. 감자서리를 하던 날밤, 새벽시장에 달구지를 끌고 가던 밭주인에게 들켜 한밤중에 쫓겼던 일이 새삼 떠오른다. "발걸음아, 날 살려라!"고 동구 밖으로 죽어라고 달아나며 위기를 면했던 악몽이 떠오르는 순간 등골을 서늘하게 쓸어내린다. 여름의 진객은 장마와 무더위다. 누구에게나 여름밤에 서리하던 일은 아름다운 추억으로 남아 있을 것이다. 감자수확과 보리타작으로 일손이 눈코 뜰 새 없이 바쁜 농번기에 해찰스런 개구쟁이들은 개울에서 멱을 감은 뒤 수박서리에 몰려다니곤 했다. 어린 날 감자서리의 진한 추억을 가진 나로서는 김동인의 단편소설 〈감자〉와 고흐가 그린 〈감자를 먹는 사람들〉과 같은 분위기의 동심을 가졌다.

김동인의 소설 〈감자〉는 암울했던 일제 강점기를 시대배경으로 한다. 무능한 남편에게 팔려간 주인공, 복녀가 가난에 찌들려 고되게 일하지 않고도 돈을 벌 수 있는 길을 찾다 중국 사람 왕서방의 밭에서 감자를 훔치다 들키고 만다. 그 길로 공공연한 매음을 해야 하는 비극적 운명의 스토리가 전개된다. 불륜을 저질러서라도 손쉽게 돈을 벌겠다는 빗나간 욕망의 노예가 된 복녀가 파멸의 길로 들어서는 사회상을 고발한다. 예나 지금이나 다를 바가 없다. 다음은 고흐가 캔버스에 유화로 남긴 〈감자 먹는 사람들〉을 살펴보자. 희미한 램프불 아래서 고된 농사일을 마친 가족들이 식탁에 둘러앉아 저녁밥으로 감자를 먹는 그림이다. 가족들이 감자를 담은 접시와 컵에 물을 따르는 물주전자를 사실적으로 그려낸 분위기가 인상적이다. 고흐는 이 그림을 두고 동생 테오에게 보낸 편지에서 "농부들이 등잔불 아래서 손을 뻗어 감자를 먹고 있다. 나는 감자를 먹고 있는 사람들의 손, 자신을 닮은 그 손으로 땅을 팠다는 점을 분명하게 보여주고 싶었다."라는 창작메모를 썼다. 고흐가 그린 〈감자 먹는 사람들〉을 보고 있으면 눈물이 왈칵 쏟아질 것 같다.

고흐가 이 그림에서 가족의 저녁 식사 장면을 통해 전하는 메시지를 음미해본다. 황무지를 개간해서 감자를 심고 북을

쳐서 키워낸 정성으로 감자를 수확하기까지 이어지는 고달픈 노동을 한 점 그림으로 표현하려고 했을 것이다. 선교사가 되려고 했던 고흐는 〈감자 먹는 사람들〉을 통해 문명화된 도회의 사람들과 다른 모습으로 살아가는 농촌사람들의 삶의 현실을 전하고 싶었을 것이다. 고흐는 화가의 길을 들어서기 전에는 성경공부에 열심이었던 성직 지망생이었다. 교회사 교수를 지낸 ≪빈센트 반 고흐, 태양을 보다≫의 저자 발터 니그(Walter Nigg)는 고흐를 '고난당한 인간'으로 소개하며 '교회의 잘못과 어중간한 신앙생활이 복음의 적'임을 일깨운다. 꿈같은 날을 함께 보내던 리아가 공항의 이별을 남기고 떠났다. 들녘에 풀 자라는 힘이 끈질기고 드세다. 풀을 뽑아 길바닥에 내던져도 뿌리 끝에 흙이 닿기만 하면 보란 듯이 살아서 일어선다. 시인은 어진 백성을 민초民草라 했다.

풀의 왕성한 성장 시기는 이맘때다. 풀은 햇살 뜨거운 맨땅에서 저마다 치열한 초해전술草海戰術로 생존의 사투를 벌인다. 리아가 떠난 활주로에는 긴 목마름 끝에 찾아온 단비가 소리 없이 내리기 시작했다. 리아의 떠남은 긴 쓸쓸함을 남겼다. 그러나 리아가 두고 간 웃음과 옹알이가 온 사방에 살아 있어 귀 기울이면 리아가 남긴 숨소리가 들리는 것 같고 어느 구석 리아의 체취가 묻어나지 않는 곳이 없다. 끊임없이 일어나고 이어지며 달라지고 사라지는 생주이멸生住異滅의 생각이 머리를 떠나지 않는다. 온몸에 일렁이는 리아의 그리움이 오늘도 외딴섬처럼 남아 있는 나에게 밀물되어 덮친다. 지난날 어느 부모든 어린 자식을 키우느라 밤잠을 설쳤으리라. 새삼 돌아보면 인생은 자식으로 남는 것. 이제 떠난 손녀딸 리아를 생각하면 미안한 감정을 떨쳐버릴 수 없다. 다시 옷깃을 여미고 막스 부르흐의 바이올린 협주곡을 듣는다. 손녀딸 리아와 함께 행복했던 시간을 되새긴다.

내 마음의 천사

손녀가 입국하는 날 새벽에 눈이 떠졌다. “너 어느 하늘까지 날아왔니?” 하고 물어 보고 싶었다. 궁금하고 갑갑한 마음을 억눌렀다. 어쩔 수 없이 잠자는 아내를 흔들어 깨웠다. “여보, 지금 서연이가 어디쯤 왔을까요?” 아내는 잠결에 “기너겠죠.” 하고는 잠결에 알아들을 수 없는 몇 마디를 중얼거리며 돌아누웠다. 그동안 손녀 맞을 준비에 아내는 아내대로 애를 먹었을 것이다. 오늘은 드디어 내 마음의 천사, 손녀와 처음 만나는 기쁜 날이다. 설레는 가슴을 다독이며 입국장 앞에서 문이 열릴 때마다 놓치지 않으려고 집중했다. 언제부턴가 우리 집은 영감 할멈 둘이 사는 집으로 마치 외딴 절간 같은 분위기가 되어버렸다. 부부가 함께 지내는 날도 식탁이나 침실이 아니면 거의 따로 지낸다. 한동안 침묵 속에 잠잠하던 집안에 손녀의 귀국을 계기로 변화가 일었다. 우선 손녀 방을 꾸미기 위해 방 하나를 비웠다. 그리고는 손녀가 지낼 수 있는 환경을 만들어주기 위해서 필요한 라텍스 요와 목욕용품, 그리고 식탁의자와 장난감을 새로 들였다.

집안의 수호천사 리아의 방문으로 온 집안이 오랜만에 사람 사는 기운이 넘쳤다. 손녀가 묵을 방은 3년 전 딸에 이어 2년 전 아들의 신방으로 꾸며 주었던 방이다. 손녀와의 첫 만남은 공항입국장에서였다. 밤이 깊어가는 시각, 입국장 두 곳의 출구로부터 승객들이 쏟아져 나오는 통에 놓치지 않으려는 눈이 여간 바쁘지 않았다. 손녀의 모습은 좀처럼 나타나질 않았다. 조바심 나게 기다리다 손녀가 나오면 불쑥 "네 이름이 무어냐?"고 말을 건네 보려고 마음먹었다. 그러면 "할부지, 저 서연이에요." 하고 와락 안길 것이라고 상상했다. 손녀는 서연이라는 우리 이름과 '리아'라는 미국 이름을 가졌다. 제 엄마와 아빠가 훗날 유아세례를 생각해서 지은 이름이란다. 우리가 손녀 방을 꾸미는 동안 이웃에 사는 딸이 일손을 보탰다. 곧 기기 시작할 때를 대비해서 벽면의 모든 콘센트에는 커버를 씌웠고 각진 모서리에는 모두 쿠션을 붙였다.

김해 상동에 있는 서연이 외가에서도 손녀 맞이 준비에 바빴다. 두 집이 하나같이 첫손녀를 맞을 채비에 정성을 다 하는 동안 즐겁고 감사가 넘치는 시간을 보냈다. 딸은 공항에서 올케에게 장미 꽃다발을 건네며 맞았다. 손녀가 처음 보는 모국의 첫인상은 어떠했을까? 손녀가 태어나서 204일 만에 처음으로 엄마에게 안긴 채 부산 땅을 밟았다. 그 맑은 눈으로 하느님께서 창조하신 사람들이 사는 세상을 처음 보는 것이다. 얼마나 신기할까? 마침내 입국장으로 모습을 드러낸 손녀는 침착한 표정으로 마중 나온 사람들을 일일이 둘러보았다. 난생처음 그 지루하고 갇힌 공간의 탑승시간을 견디면서도 깨끗하고 순수한 눈빛과 밝은 표정을 잃지 않았다. 새로운 환경에 적응하느라 애를 먹었을 텐데 힘든 기색조차 없었다. 출영객들이 차례로 돌아가며 안아줄 때도 낯을 가리거나 울지 않았다. 손녀는 신통방통하게도 사람들과 눈을 맞추며 모든 걸 눈여겨보았다.

공항을 나설 때는 밤하늘의 별을 보려는 듯 영롱한 눈동자로 하늘을 올려다보기도 했다. 티 없이 맑고 밝게 자란 손녀의 모습이 신록같이 영롱하게 빛났다. 어떠한 세속의 그림자나 공포와 두려움의 그늘도 드리우지 않은 천진난만한 손녀의 눈과 마주하는 순간 그 맑은 영혼이 내 몸에 그대로 전이轉移되는 것 같았다. 손녀의 영혼을 통해 상상의 천국을 보았다. 나는 한동안 손녀의 그 해맑은 웃음과 표정, 그리고 빛나는 눈동자와 거침없는 숨소리를 놓치지 않으려고 했다. 해돋이로부터 해넘이에 이르는 세상의 삶이 험하고 예측할 수 없는 혼란 속에 우리를 방황케 하더라도 당당하고 꿋꿋하게 살아갈 수 있는 힘은 아기천사이기에 가능할 것이다. 손녀가 한국에 있는 34

일 동안은 상동의 외갓집과 우리 집을 번갈아가며 지내도록 했다.

손녀딸이 멀쩡한 나를 팔불출八不出로 만들어 놓았다. 예부터 아내 자랑, 자식 자랑 많이 하는 사람을 두고 팔불출이라고 놀렸다. 팔불출은 열 달을 채 못 채우고 여덟 달 만에 나왔다는 뜻으로 모자라거나 어리석은 사람을 조롱하는 말이다. 나는 고희에 비로소 첫손녀를 보고 꼼짝없이 팔불출이가 되고 말았다. 카카오톡으로 주고받은 손녀의 사진이 벌써 773장에 동영상이 83건으로 시도 때도 없이 들여다보아도 물리지 않는다. 그렇게 혼자서 웃으며 사는 게 요즘 내 생활의 전부다. 주위 사람들은 손자 사진 자랑질을 할 때면 동시에 봐주는 턱을 내라고 야단들이다. 나는 그럴 때마다 손녀의 동영상을 더 큰 소리로 서비스한다. 어머니는 사랑이십니다. 내리사랑은 있어도 치사랑은 없다고 했던가? 부모가 자식을 사랑하는 만큼 자식이 부모를 사랑하기는 어렵다는 현실의 말이다. 그래서 흔히 치사랑은 문화요, 내리사랑을 본능이라고 말한다.

리아천사는 우리 집안에 기쁨을 전하는 메신저다. 예부터 동서양에 걸쳐 천사는 우주의 기별을 전했다. 천사는 하느님과 인간의 심부름꾼이다. 일찍이 일본의 사회학자 야마다 미사히로 교수는 “지금 시대에 고령 부모가 자식들로부터 존경받고 안 받고 하는 문제의 핵심은 수중에 돈을 가지고 있는지 없는지에 달려 있다.”라고 지적한 바 있다. 그러나 맹자는 “그가 나를 사랑하지 않거든 내 사랑에 부족함이 없는지 살펴보라."는 말을 일찍이 일러주었듯이 자신부터 돌아봐야 할 일이다. 그런가 하면 자식양육을 농사일과 역사 쌓기에 비유했다. 자식을 낳아 길러봐야 부모의 심정을 안다는 뜻일 게다. 나는 제사 때나 가족들이 한자리에 모일 때면 양주동의 시 〈어머니 사랑〉을 목운木雲의 글로 받아 만든 여섯 폭짜리 병풍을 꺼내 지나간 시간의 먼지를 턴다. 공항에서 손녀를 외갓집에 데려다주고 집으로 돌아오는 길에 괜히 그리운 엄마 생각에 눈시울이 뜨거웠다.

비, 그대 향해 내린다

비 오는 날이 좋다. 빗소리에 귀 기울이면 우주와 나누는 자연의 속삭임이 들린다. 비는 눈과 귀를 통해서 온몸으로 젖어와 심금을 울리고 영혼을 깨운다. 비는 생명의 숨통을 틔우며 사랑의 환희에 한껏 부푼다. 비에 점령당하는 날은 행복하다. 비는 자신의 단점을 이해하고 고백한다. 주춤하던 장마가 한바탕 발비를 퍼붓는 날은 더위에 지쳐 분수에 뛰어든 개구쟁이처럼 부러울 게 없다. 밤비가 창을 노크하면 기다리던 벗이 찾아와 노크하는 것 같아 나도 모르게 창을 열고 고개를 내민다. 기분이 밤비에 젖으면 절실하게 보고 싶은 사람으로부터 불현듯 기별이 올 것 같아 가슴 설렌다. 까마득한 젊은 날 비 내리는 밤이면 늦도록 술을 마셨다. 기분 좋게 취하면 곧잘 송창식의 〈비의 나그네〉를 흥얼거리곤 했었다. 그때는 온몸으로 젖어드는 눅눅함과 축축함이 좋았다. 비는 나를 흥건하게 적시며 긴 해안선 따라 공감의 너울을 타게 한다.

비는 입안의 목마름까지 풀어주며 스펀지가 순식간에 물을 머금듯 주위의 모든 소리를 잠재운다. 쇼팽이 하늘 높은 곳에서 점점이 떨어지는 빗방울 소리를 지켜보며 그토록 사랑하는 연인 조르주 상드를 위해 작곡했다는 〈빗방울 전주곡〉의 선율을 떠올려보라. 빗방울이 통통 튀는 듯 맑고 경쾌하게 들리는 선율이 삶에 찌들어 사랑을 잃어버리고 기억마저 잊은 우리의 마음에 생기를 불어넣는다. 비는 한결 부드럽고 여유롭게 온몸을 적신다. 어릴 적 비 내리는 날 나는 마루 끝에 앉아서 낙숫물 떨어지는 소리를 즐겨 들었다. 그런 날이면 담장 아래 비를 맞고 선 장독대는 한 폭 수채화로 아름답기 그지없다. 비는 먹구름이 먹구름 속에 그리움을 품고 다가온다. 비의 메시지는 그리움으로 다가오는 생명의 기별이다. 비야, 내려라. 지구 저편의 내 임께도 소식 전해다오.

중학생이던 어느 해 여름방학, 폭우로 잠긴 명지 시골길을 걷다 흙탕물이 깊은 곳에서 주춤거리는 나를 기어이 업어다 건네준 그 애틋한 첫사랑이 새삼 사무치게 그립다. 가족과 함께 떠난 여름휴가 때 풍경이 잠든 절집 처마 끝에서 떨어지는 낙숫물이 한 줄로 파놓은 깨끗한 마사흙 위의 작은 물구덩이에 비친 하늘과 구름, 그 다양한 자연풍광이 오랜 세월이 흐른 지금도 잊히지 않는다. 젊은 날 산행에 나섰다가 채찍 같은 소나기를 온몸으로 맞으며 참을 수 없는 청춘의 열기를 뿜어내던 시절도 있었다. 대학에 강의를 나갈 때는 여름방학이 다가오는 학기말이면 장마와 겹치는 때를 놓칠세라 학생들과 함께 풀벌레 울기 시작하는 산기슭과 개구리 구성지게 우는 기장 죽성과 철마, 강서 대저와 김해 가락 등 근교로 학생들을 이끌고 다녔다. 반드시 그 다음 주에는 그날 보고 들은 느낌을 한차례 리포트로 받아서 학기말 성적에 합산하곤 했었다.

깊은 밤 창을 두드리는 빗소리를 들을 때면 죽음을 기억하라(memento mori)는 말에 깊은 묵상에 빠진다. 나는 언제부턴가 예고 없이 찾아온 손님이 돌아갈 때 우산을 선물했다. 현관과 자동차 트렁크에는 여남은 자루의 우산이 항상 비 오는 날의 주인을 기다린다. 우산은 땅을 향해 내리는 비를 우리 대신 맞으며 온몸을 적시기도 하고 비를 피하는 사람에게 독립된 공간을 만들어주며 우주의 경이로움을 맛보게 한다. 특히 무전여행을 떠난 젊은 날, 산기슭에 친 군용 A텐트 안에 누웠다가 갑자기 깊은 밤 소나기가 내릴 때 사랑하는 사람과 함께 듣는다면 그것은 둘만을 위한 공간에 내리는 천상의 선율이다. 잊을 수 없는 그 때를 회상하며 오늘도 플래시백 기법의 화면을 보게 된다. 빗소리는 삶을 타일러 깨우는 영혼의 노래로 갇힌 생각을 넓혀준다. 비는 그리움이 무거워 견디지 못하면 땅으로 떨어져야 한다. 비는 사랑의 무늬를 사방연속으로 디자인한다.

비의 어울림은 인간과 자연을 아우르는 질서다. 비의 본성은 높낮이의 차등과 잘 잘못을 따지지 않는다. 나는 누구와 걸맞을까? 걸맞음은 서로가 잘 알아듣고 맞아 어울리는 적격適格을 뜻한다. 비는 어떠한 예속과 얽매임도 거부한 채 무등無等의 소통과 숨통으로 삶의 지혜를 밝히려 한다. 비바람이 거센 날 채찍비가 뺨을 후려치고 앞길을 막아설 때가 있다. 장마철에 웃자란 노지의 푸성귀가 오뉴월 뙤약볕을 이겨내지 못하고 녹아버리는 일도 흔하다. 적격은 제자리를 지키며 서로가 맞아 어울리는 삶의 걸맞음이다. 그것이 바로 대등성의 본성이고 시공을 뛰어넘는 변화를 읽어내는 길이리라. 비는 부드럽고 가녀린 모습으로 세상을 감싸듯 내리다가도 순간 사방으로부터 휘몰아치는 폭풍우가 되어 성찰하지 않는 세상을 호되게 꾸짖는다. 빗물은 낮은 곳으로 흘러 시내를 이루고 시내는 함께 강을 이루어 바다로 흐른다. 빗물은 어울림을 뛰어넘는 화해와 초월의 대양으로 이어진다.

비는 서로의 정신이 녹아들어 융합하고 조화로운 공존과 공감을 꿈꾼다. 만남과 떠남도 다 어울림 속에서 이루어진다. 비는 '삶의 의미가 어울림에 있다.'고 나직이 속삭인다. 비는 오랜 기다림으로 내게 다가와 일상의 어리석음과 분노를 걷어낸다. 오늘도 나는 하늘로부터 수직으로 떨어지는 비가 모든 이에게 생명과 죽음을 기억하게 하는 근원적인 축복이길 기도한다. 그 축복은 죽어서 다시 태어나는 씻김의 세례의식으로 우리 삶 속에 살아있어야 한다. 그래서 비는 그리움의 꼴이 되고 어울림의 무늬로 하나가 되는 것이다. 비는 가면假面 뒤에 도사린 세상의 허상과 비밀을 씻어내고 죄로 찌든 우리의 속살까지 헤집고 들여다본다. 이 밤도 비는 자신의 판단을 뒤로하고 앞으로 페르소나(persona)의 가면을 쓴 채 우리 곁에 머물면서 다양한 삶의 무늬와 바탕을 긴 이야기로 풀어낸다. 밤비 내리는 날 기어이 떠나는 벗에게 건네줄 마음의 우산을 챙기자.

집은 돌아오는 곳

4월의 첫 주말 독립운동가 대암 이태준 선생의 역동적인 삶을 조명한 실화소설 ≪번개와 천둥≫을 상재上梓한 이규정과 최근 대하소설 ≪야초野草≫를 탈고한 김상원, 길동인 회장 전 부산대 김정자 교수와 부산문화재단 이문섭 이사장, 시인 박송죽, 김필규, 정경수 그리고 수필가 황소지, 류영남, 최화웅 등 10명의 동인들이 2015년 길동인 문학기행을 떠났다. 김혜강 동인의 배웅이 떠나는 이들의 마음을 흔들었고 박영란 동인이 보내온 왕송편이 아침공복을 씻어주었다. 간밤에 내린 비로 아침은 더 없이 맑고 상쾌했다. 팔순 가까운 김상원 동인이 핸들을 잡았다. 첫 번째 안전수칙은 주행선으로 천천히 달리기다. 남해고속도로가 이어지는 낙동강 하구와 봄이 무르익는 불모산을 지나 마산 앞바다를 가로지르는 마창대교에서 내려다보는 합포만은 눈길 닿는 곳마다 한 폭 그림이었다.

물 맑은 봄 바다에 봄꽃같이 피어난 크고 작은 섬들이 아름다운 계절이 충만했다. 길잡이를 하던 정경수 동인의 선도차가 활짝 핀 벚꽃의 유혹에 이끌려 한동안 길을 잃고 헤맨 뒤에야 학섬이 내려다보이는 언덕길에서 합류할 수 있었다. 이번 문학기행은 통영 출신 월예 김정자 회장이 안내를 맡았다. 통영앞바다가 그림처럼 펼쳐지는 고개로 올라서자 윤이상이 타향을 떠돌며 그토록 그리워서 몸부림쳤던 남국의 봄기운이 온몸에 안겼다. 첫발을 도천동 윤이상 기념관에 디뎠다. 이태 만에 다시 찾은 기념관에서 김정자 교수가 소개한 '통영 앞바다에서 갓 건져올린 은빛물고기' 같은 이중도 시인이 "윤이상의 출생지는 산청이고 네 살 때부터 이곳 통영의 아버지 집으로 와서 살았습니다. 그것이 통영과의 첫 인연입니다."라고 설명해 나가는 묻지 않은 시인의 질박함이 심금을 울렸다.

저는 "집은 돌아오는 곳이다. 배를 타고 지구 반대편까지 떠났다가 돌아오고 죽어서도 돌아오는 곳이 집이다."라고 시작하는 정일근 시인의 〈이 집에 윤이상이 살고 있다〉라는 제목의 기념관 헌시를 다시 읊을 수 있었다. 세계적인 음악가 윤이상 선생의 파란만장했던 인생을 되짚어보는 순간 고대 그리스시대 전쟁영웅 오디세우스가 트로이로부터 아내 페넬로페와 아들 텔레마코스가 기다리는 고향 이타카로 돌아가는 그 길고 험난한 모험의 귀향길을 떠올렸다. 윤이상, 그는 평화의 유목

민으로 지구를 떠돌면서도 “나의 조국은 대한민국”이라고 외친 예술가다. 집은 정든 아내와 가족이 기다리는 거룩한 곳이다. 기념관 2층에서 윤이상 흉상과 마주했다. 윤이상의 부릅뜬 두 눈으로 보는 우리의 현실과 굳게 다문 입이 차마 말하지 않는 이 시대의 허상을 더듬으며 깊은 묵상에 빠졌다.

일행이 스쳐 지나가고 한동안 그 자리에서 그리운 사람들의 얼굴을 차례로 떠올렸다. 부산의 병원을 기어이 접고 귀향한 창효 형과 함께했던 어느 해 국제음악제의 밤, 한손에 ‘몸속에 녹아 있는 詩’를 들고 다른 한손으로 동피랑의 낡은 담벼락에 고향의 이미지를 그린 시인 진의장의 집념, 젊은 날 스킨스쿠버 다이빙과 윈드서핑을 하느라고 통영 앞바다여기저기를 뛰어들었던 일. 특히 연대도와 사량도, 매물도와 욕지도에서 여름을 보낸 지난날의 기억이 사무쳤다. 무심한 강구안 선창은 여전히 사람들로 붐볐다. 남망산 그림자를 품은 강구안에는 만나고 헤어지는 뱃사람들의 사연이 이어지고 그 맞은편 언덕배기 동피랑으로 가는 길목에 자리 잡은 충무식당에서 예월 김 회장이 마련한 가자미 찜 밥상을 마주하며 고마운 마음에 또 하나의 점을 찍었다. 다음 코스로 전혁림 미술관으로 나섰다.

그러나 산양관광도로는 미륵산으로 몰려든 차량들로 가다서다를 반복하는 체증으로 좁은 길은 이미 주차장이 되어 버렸다. 자동차의 꼬리를 문 교차로에서 과감한 U턴으로 빠져나와 옛 운하교 위로 올라섰다. 그 길로 산복도로를 따라 산양읍 미륵산 자락 양지농원 초입에 자리 잡은 박경리 기념관을 찾았다. 유택은 봄바람에 조는 듯 엎드렸다. 한산만을 한눈에 내려다보는 박경리 선생의 묘소에 올라 참배했다. 선생의 묘소는 평소의 생활성품 그대로 비석 하나 없는 단출한 안식처로 꾸며져 돌에 새긴 시와 산문이 우리에게 "어떻게 사느냐?"고 말을 걸었다. 돌아서 내려오는 길에 갑자기 내리기 시작한 단비가 우리의 발걸음을 멈추고 쉬게 했다. 기념관 한편에서 마련한 뒤풀이 자리 또한 오붓했다. 김필규 동인이 자작시 '통영'과 김춘수의 시 〈통영읍〉을 낭송하고 박경리기념관장인 시조시인 신권호가 동인들의 권유로 백석 시 〈통영 2〉를 이어 받으면서 모두를 예향, 통영의 시정에 젖었다.

평소 후덕한 누이 같은 황소지 동인이 준비해온 정갈한 돼지수육과 야채, 그리고 잘 익은 매실주가 기행의 고단함을 풀어주는 가운데 박송죽 동인이 자작시 〈누군가 보내준 꽃편지〉 낭송을 자청하기도 했다. 통영으로 가는 길은 삼백 리 꽃길에 돌아오는 길은 이별을 서러워하듯 삼백 리 밤길 따라 나온 김약국집 다섯 딸들이 차례로 우리를 배웅했다. 통영 문학기행에 참가한 동인들은 나름의 부활을 꿈꾸었다. 그만큼 부활성야미사의 빛의 예식에 동참하려는 열의로 빗길 귀가를 서둘렀다. 돌아오는 길은 거가대교 휴게소에서 충무김밥으로 저녁을 대신하며 정다운 시간으로 아쉬움을 달랬다. 김이 서린 차창으로 비친 우리의 모습을 향해 누군가 "너 지금 어디로 가느냐?"고 묻는 것 같았다. 통영을 떠나 거제를 지나고 가덕도를 거치는 밤 빗길 여정에서 차창과 보닛 위에 떨어지는 경쾌한 빗소리가 그리움으로 몸부림쳤다.

일 잘하는 사내

박경리

다시 태어나면
무엇이 되고 싶은가
젊은 눈망울들
나를 바라보며 물었다

다시 태어나면
일 잘하는 사내를 만나
깊고 깊은 산골에서
농사짓고 살고 싶다

내 대답
돌아가는 길에
그들은 울었다고 전해 들었다
왜 울었을까

홀로 살다 홀로 남은

팔십 노구의 외로운 처지
그것이 안쓰러워 울었을까
저마다 맺힌 한이 있어 울었을까

아니야 아니야 그렇지 않을 거야
누구나 본질을 향한 회귀본능
누구나 순리에 대한 그리움
그것 때문에 울었을 거야

■ 연보

1943년 섣달 스무날에 태어남.
계성초등학교 1학년 때 6 · 25 발발.
1 · 4후퇴 당시 부산행 열차편으로 피난.
아버지 고향 명지鳴旨에 정착.

부산대학교 졸업
1971년 부산MBC 기자 입사
2000년 부산평화방송 보도국장
2006년 부산문인협회 홍보이사
동명대학교 신방과 겸임교수
부산언론인클럽 사무총장

한국방송대상 라디오작품상(1984)
방송문화대상 보도부문상(1993)
문예운동 신인상(수필 부문, 2001)
경향잡지 창간100주년기념 수필공모전 입상(2006)
부산문화대상 출판비지원 부문(2009)

≪MBC NEWS 최화웅입니다≫(1992, 지평)

≪부산에 산다≫(1993, 지평)

≪누가 호루라기를 부는가≫(1994, 제일)

≪탈TV시대의 이해≫(1997, 해오름)

≪철제 새장≫(2002, 푸른별)

≪하늘 향해 서다≫(2009, 푸른별)

≪한국민방개척사 공저≫(2011, 나남)

≪집은 돌아오는 곳≫(2015, 푸른별)

≪강화 · 제주 그리고 부산≫(2016, 푸른별)

현대수필가 100인선Ⅱ · **53**
최화웅 수필선
쏟아지는 그리움

초판 인쇄 2016년 10월 20일
초판 발행 2016년 10월 31일

지은이 최화웅
펴낸이 서정환
펴낸곳 수필과비평사 · 좋은수필사
주소 서울시 종로구 삼일대로 32길 36(운현신화타워 빌딩) 305호
전화 02)3675-5635, 063)275-4000 팩스 063)274-3131
등록 제 300-2013-133호
이메일 sina321@hanmail.net essay321@hanmail.net

저자와 협의, 인지는 생략합니다
잘못된 책은 바꿔 드립니다

ISBN 979-11-5933-057-5 04810
ISBN 979-11-85796-15-4 (전100권)

값 7,000원

이 도서의 국립중앙도서관 출판예정도서목록(CIP)은 서지정보유통지원시스템 홈페이지(http://seoji.nl.go.kr)와 국가자료공동목록시스템(http://www.nl.go.kr/kolisnet)에서 이용하실 수 있습니다.(CIP제어번호: CIP2016025451)